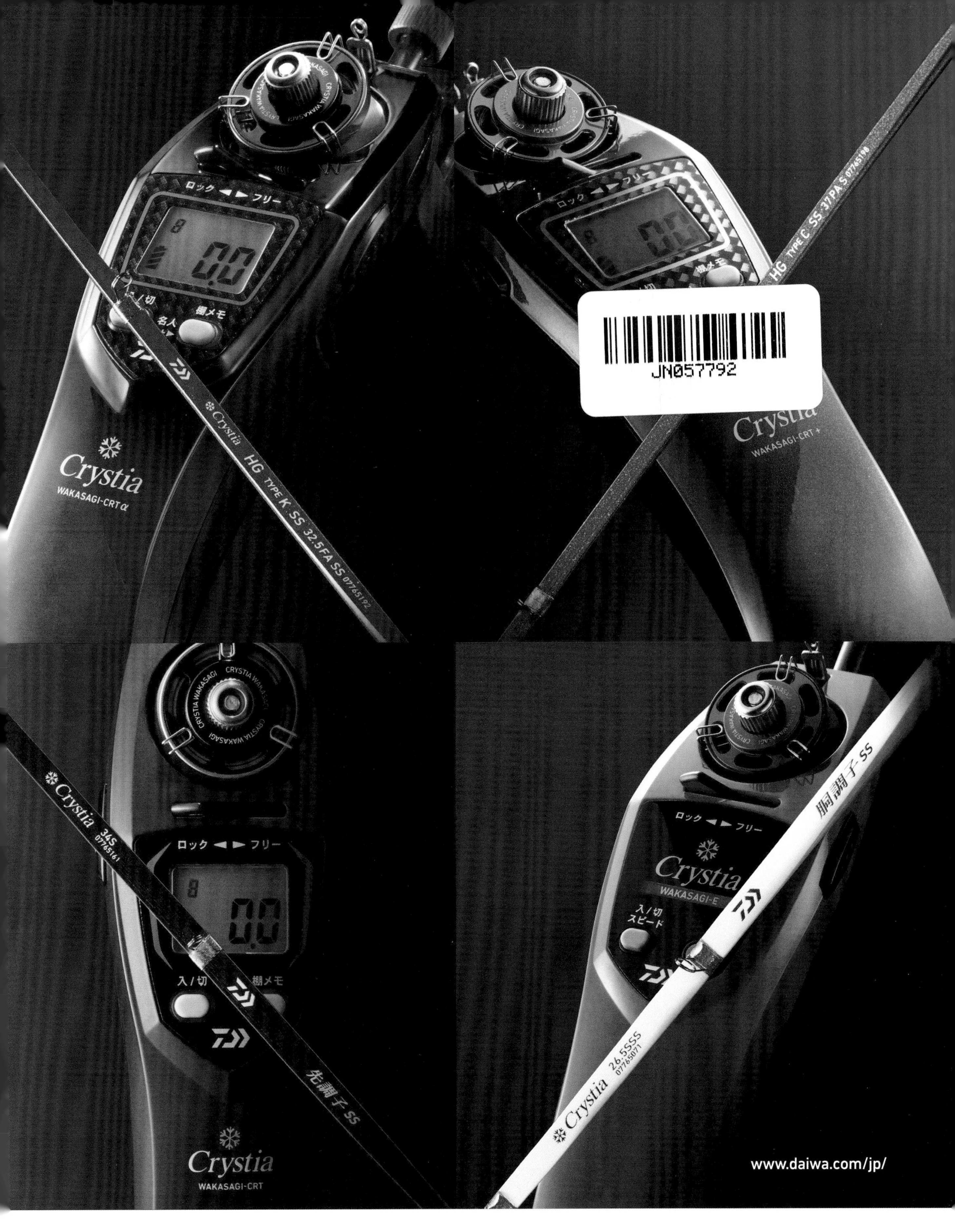

グローブライド株式会社

Cover Design by Tokuji Ozawa
Cover Photo by Hiroki Hirasawa,Takashi Sasaki,Ryo Kobayashi

CONTENTS

STAFF
Editor in Chief
真野秋綱

Advertisement Editor
岡村政宏／平澤裕樹

Contributing Writer
西井堅二
小林　亮

Assistant
伊藤まき

Art Director
小澤篤司

Designer
松山千穂

Prologue

北の大地は

冬のレジャーとして昔も今も、氷上ワカサギ釣りは道民に親しまれている。
北海道で生まれ育った人なら子どもの頃、一度は連れて行ってもらったことがあるだろう。
厚い氷に閉ざされても、銀盤の下は生命感にあふれている。
イトを垂らすとピクピクと小気味よいシグナルが伝わり、銀鱗を躍らせて可憐な魚体が穴から姿を現わす。
釣った魚を天ぷらなどでいただくと忘れられない味になる。
近年は温暖化により氷に乗れる期間が短くなっているのは残念だが、年を追うごとに氷上釣りの人気は高まるばかり。
その背景には、この釣りに力を入れている各釣り場の工夫を凝らしたサービスや、
メーカー各社による目覚ましいタックルの進化が挙げられる。
また、寒さを凌ぐためにテントを張るのが一般的な道内の場合、折からのキャンプブームも関係しているかもしれない。
氷上の主役・ワカサギはビギナーが簡単に釣れる反面、ベテランも夢中になるほど奥が深い。
数を伸ばしたいと思うとタックルから釣り方、そして装備にいたるまで、いろいろ工夫する必要がある。
初心者から上級者まで、レベルを問わずに楽しめるという点で、ワカサギの右に出る魚はいない。
しかし、氷上で釣れるのはワカサギだけではない。
湖沼にはマス類やフナなどが生息しているほか、汽水の釣り場では海と行き来する魚も顔を見せる。
ターゲットが豊富なのも広大な北の大地ならではの魅力。まさに“アイスフィッシング”の天国といえる。
寒さが厳しい北海道は、冬になると銀盤があちこちに広がる。
その多くは釣りのフィールドになる可能性があるものの、
管理されていない場所では毎年のように落水事故が起きている。
そこで本書では、漁業権が設定されていて、安全に釣りができる湖沼に加え、
市町村などが釣り場や駐車スペースを開放し、
釣り人を歓迎してくれているフィールドを中心に掲載した。
最後に、テント内で火気を使用する場合は、
一酸化炭素中毒にならないよう、
充分すぎるほど換気することを絶対忘れずに。
寒さなんて何のその。
さぁ、アイスフィッシングに行こう。

アイス

じつに可愛らしく美しいワカサギ。まさに銀盤のアイドルだ　Photo by Hiroki Hirasawa

Target

食べない魚は優しくリリース

氷の下の魚たち

次ページからのフィールドガイドでは、データ覧に釣果実績のある魚種を記載している。本命はワカサギとはいえ、違う魚が掛かり、盛り上がるのもアイスフィッシングの面白さ。まずは釣れる可能性のある魚の横顔を知ろう。

参考文献『さかな・釣り検索』（つり人社）

最大15cm前後まで育つ
【ワカサギ】キュウリウオ科ワカサギ属　公魚

氷上釣りのメインターゲット。汽水・淡水の湖沼やダム湖、それらに注ぐ河川の下流域に棲むが、本来は汽水魚。オホーツク海沿岸では、生まれた年の秋に遡上して湖内で越冬し、翌春に産卵する。ふ化した仔魚は動物プランクトンを食べる。多くは1歳魚だが、北海道では2歳魚が少なくない。釣れるのは5〜10cmが多く、15cmくらいまで大きくなると釣り人の間では「デカサギ」と呼ばれる

ワカサギとチカの見分け方

ワカサギ
腹ビレは背ビレの起点（前端）より、やや前方に位置する

チカ
腹ビレは背ビレの起点（前端）より、やや後方に位置する

マスといえばコレ
【サクラマス（ヤマメ）】サケ科サケ属　桜鱒・山女魚

降海型はサクラマス、河川残留型はヤマメといわれるが、どちらも同じ種。漁業権の対象魚種になっている湖沼では、ヤマメもしくはヤマベと記載されるが、釣り人の間では湖沼型サクラマスと呼ばれる。降海型と湖沼型は全身が銀白色に輝き、大型になると主に小魚を捕食する。氷上釣りで「マス」といえばサクラマスを指すことが多い。最大60cm以上になるが、氷上で釣れるのは30cm前後

魚影が多いのは道東
【アメマス（エゾイワナ）】サケ科イワナ属　雨鱒・蝦夷岩魚

冬が似合う白斑の印象的なマス類。降海するタイプと湖沼型をアメマス、河川残留型をエゾイワナと呼ぶが、いずれも同じ種。自然産卵によって世代をつないできた在来種で、北海道で最もポピュラーなマス類だ。低水温に強く、厳寒期もよくエサを追う。魚影が多いのは道東で、特に阿寒湖や塘路湖はアメマス釣りで有名なフィールド。サイズは30〜80cm。キャッチ&リリースを推奨する

引きの強さは一番
【ニジマス】サケ科サケ属　虹鱒

原産地はアラスカ〜カリフォルニアとカムチャッカ半島。日本に初めて持ち込まれたのは1877年。北海道では各地の河川や湖沼に棲み、パワフルなファイトでアングラーを魅了する。英名はレインボートラウトで、エラブタから尾にかけての朱色が美しい。25℃前後の高水温にも適応するが、本来は冷水性で氷上釣りでもヒットする。サイズは30〜80cm。キャッチ&リリースを推奨する

氷上に放置はNG
【ウグイ】コイ科ウグイ亜科ウグイ属　鯎

北海道では全国に生息するウグイのほか、海に下らないエゾウグイも見られる。後者は産卵期になると吻が突き出すことで区別しやすくなる。いずれも、魚体は側面から腹にかけて銀白色。雑食性でサシなどの虫から小魚も食べる。サイズは10〜50cm。小骨が多く道内では食べる慣習があまりなく、釣りジャンルを問わず代表的な外道と知られるが、釣れたら氷上に放置せずリリースしてあげたい

道内には数種類がいる
【イトヨ】トゲウオ科トミヨ属 糸魚

トゲウオ科の魚は、その名のとおり背ビレの棘が目をひく。写真上は、背ビレに3本の棘があり、全道に生息しているイトヨ。淡水型だけでなく、産卵期以外は海で生活する降海型もいて、後者のほうが大型になる。写真下は、トミヨ属の淡水型。どちらも、錦大沼(苫小牧市)で釣られた魚。道内では、数種類のトゲウオが見られるが、サイズはおおむね5〜10㎝。大沼(七飯町)でもよく釣れる

平野部の湖沼で出会える
【モツゴ】コイ科モツゴ属 持子

本来の分布は関東以西の本州、四国、九州で、かつては北海道に生息していなかったが、移植放流に混じって分布を広げた。明瞭で大きなウロコ模様が特徴で、ウグイとは容易に見分けられる。河川の下流域や小川、平野部の湖沼に棲む。氷上釣りのフィールドでは、内陸部の湖沼や石狩川の三日月湖で釣れることが多い。釣り人の間では「クチボソ」などと呼ばれる。サイズは8㎝前後が多い

海から近い場所で来る
【ヌマガレイ】カレイ科ヌマガレイ属 沼鰈

浅海域や汽水、淡水の砂泥底に棲むが、北海道では初冬に川や湖から沿岸域に移動するようだ。釣り人は眼の位置から「右カレイ、左ヒラメ」と言うが、ヌマガレイはカレイのなかでは珍しく、ヒラメと同じように腹を下に向けて置いたとき、頭が左に来るのが特徴。最大90㎝以上になる大型種だが、氷上で見られるのは15〜30㎝。背ビレと尻ビレの明瞭な黒色帯列が目をひく。地域によってカワガレイ、ゴソガレイと呼ぶ

意外によく釣れる!?
【フナ】コイ科フナ属 鮒

一般的には「マブナ」と呼ばれるが、これはゲンゴロウブナ(別名ヘラブナ)と区別するための総称。マブナの体高は背ビレ起部の後方で急にすぼまるように低くなるのに対し、ゲンゴロウブナは緩やかにすぼまることで見分けられる。湖沼、河川の下流域、湿地帯に棲む。サイズは15〜40㎝。底生動物や動物プランクトンを好む雑食性。本書の取材では、意外に多くのフィールドで釣れていた

ベタ底に潜む住人
【ジュズカケハゼ】ハゼ科ウキゴリ属 数珠掛鯊

北海道でハゼといえば、海や汽水域で釣れるマハゼが知られるが、写真のジュズカケハゼは「ゴリ」とも呼ばれ、河川の下流域や湖沼に棲む種で海には下りない。名前は数珠を掛けたような模様から。九州まで広範囲に生息し、魚体は褐色で細長く、サイズは5〜7㎝。胆振〜渡島でよく見られ、底で掛かることが多い。道内ではあまり食べないが、骨は軟らかく、本州では食用として利用される

※写真上から

釣り場はオホーツク海【チカ】キュウリウオ科ワカサギ属 千魚

海の堤防釣りで人気があり、入門者向きの魚種として親しまれている。ワカサギと酷似するが、ウロコが細かく体側の縦列鱗数が62〜68(ワカサギは60以下)であることや、ワカサギの腹ビレは背ビレの起点(前端)よりやや前方に位置するのに対し、チカはその逆であることで区別できる。オホーツク海に面した道北や道東の汽水域でねらえる。サイズは10〜20㎝。味はワカサギとそん色ない

大きな口が印象的【キュウリウオ】キュウリウオ科キュウリウオ属 胡瓜魚

海が流氷で埋め尽くされるオホーツク海は、氷上釣りのターゲットが多彩。チカやコマイだけでなく、国内では北海道にしか生息していないキュウリウオもサオを絞る。魚体は細長い円筒形だが、口は大きく突出した下顎に2〜4本の鋭く大きな歯を持つ。サイズは15〜30㎝。沿岸性の魚で太平洋にも生息。名前のとおりキュウリのような独特な匂いが特徴だ。フライや天ぷらでいただくと美味

文字どおり氷の下で【コマイ】タラ科コマイ属 氷下魚

砂浜や港でねらうのがポピュラーだが、オホーツク海の汽水域では氷上でも釣れる。1〜3月の厳冬期に産卵し、その頃になると岸近くに卵を産む。道東では氷に穴を開けて行なう、氷下待ち網漁が冬の風物詩として知られ、漢字で「氷下魚」や「氷魚」と書くゆえんになっている。下顎のヒゲがタラ科の魚であることを物語る。サイズは20〜40㎝。40㎝以上は釣り人の間で「オオマイ」と呼ばれる

会場は2つ
魚影も型もSクラス

網走市・
大空町

網走湖
Lake Abashiri

Field Data
海跡湖・汽水
面積:32.3㎢
周囲:39㎞
最大深度:16.1m
魚種:ワカサギ、ヌマガレイ、アメマス、ウグイ

文=**横川英樹**(北見市)
Text by Hideki Yokokawa

**魚影の多さは道内イチと評判で、
全国からワカサギファンが訪れる網走湖。
氷上釣りの聖地といってよい同湖について、
フェイスブック・グループ『北海道でワカサギ・フィッシング』を主宰し、
道内各地の釣り場に明るい横川英樹さんが紹介。**

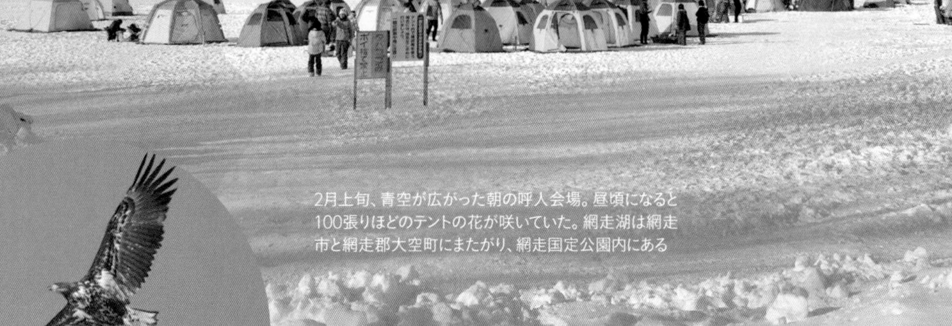

2月上旬、青空が広がった朝の呼人会場。昼頃になると100張りほどのテントの花が咲いていた。網走湖は網走市と網走郡大空町にまたがり、網走国定公園内にある

悠々と羽根を広げ、上空を旋回するオジロワシ。オホーツクの空の王者はじつにカッコイイ。自然が豊かな象徴だ

この日釣れた最大と最小。前者は14.5㎝、後者は5.5㎝。天ぷらもよいが、大型は一夜干しや味醂干しが美味しい

Regulation
●遊漁期間:1月5日〜3月21日(呼人)、1月5日〜3月中旬(女満別)
※氷の状況などにより変動あり
●遊漁料:1日800円(小学生400円)
●遊漁時間:午前8時半〜午後4時(呼人)、午前8時〜午後4時(女満別)
●備考:会場は呼人地区、女満別地区の2ヵ所。レンタルタックルあり
●問合先:網走市観光協会　TEL.0152-44-5849(呼人)
NPO法人オホーツク大空町観光協会　TEL.0152-74-4323(女満別)

【呼人会場】

●各種レンタル&販売

貸しザオ200円、仕掛け300円、エサ200円、穴開け料300円、貸しイス100円、これらと遊漁料含むセット大人1,800円(小学生1,400円)、天ぷらセット1,000円、テント2,000～4,000円

遊漁券を扱う管理事務所。レンタルタックルの受付もこちらで行なう(上)
事務所の近くには休憩所が併設されていて、中には自動販売機もある(右)

何尾何束ではなくキロ

毎年、網走湖の解禁日には、全道各地からワカサギ釣りファンが多数集結する。呼人会場では、早朝４時の時点で約80台分の駐車場がほぼ満車になるほどのにぎわいだ。それほどまで、釣り人が心待ちにする理由は「面白いように釣れるから」。15㎝オーバーのデカサギ混じりで、型のよいワカサギが途切れることなく釣れ続く。それなりにやり込んだ方なら1本ザオの場合、時速70尾前後は普通。とすると、午前中だけで200尾は釣れる計算になる。解禁当初はワカサギ漁が始まっていないのもあり魚の活性が高い。食いがたっているワカサギの群れが、一日中氷の下を回遊しているのだ。多点掛け（複数のワカサギが1つの仕掛けに同時に掛かること）が連発したら、あっという間にライブウエル（イケス）がいっぱいになる。

網走湖では釣果を「何尾、何束(そく。１束は100尾)」ではなく、「何kg」と表現する常連がほとんど。ワカサギのサイズが大きいだけに、５kgがおよそ10束（1000尾）に相当するらしい。解禁直後は５kgオーバーが出やすく、ジップロックに入りきらず、大きめの発泡容器を用意しているベテランに会う。同湖を訪れる際はぜひ、大きめの保存容器を用意していただきたい。

会場の入口にトイレが並んでいて、女性や子ども連れも安心だ

遡上魚は型がよい

網走湖の総面積は約33㎢。近年、ワカサギの漁獲量は概ね100～150トンで推移している。網走湖以外で漁獲が多い阿寒湖や大沼、塘路湖の2～3倍だ。環境破壊などでワカサギが自然繁殖できるフィールドが減るなか、網走湖は放流種苗の供給源のひとつとして知られている。今も安定した漁獲量を誇り、同湖のワカサギの卵は現在、全国40ヵ所以上の湖沼に放流されているようだ。

ワカサギ以外にも魚介類の生産量が多い豊穣な網走湖は、網走川でオホーツク海とつながっている汽水湖である。孵化したワカサギは海へ下り、初冬に湖へ遡上してくる。11月中旬以降、網走港や網走川（道の駅裏の船着場）でワカサギの群れを頻繁に見るようになるのはそのためだ。豊富なプランクトンを食べて成長した遡上魚は型がよく、2年魚や3年魚の大型の個体が多い。

ゴミ箱も設置されているのがありがたい。釣り場でのポイ捨ては絶対NG

呼人会場は網走湖の湖口近く、呼人湾に位置するため、海から遡上したワカサギが入り込みやすい内湾になっている。解禁直後は、遡上したばかりのワカサギの群れが呼人湾内を回遊し好釣果が期待できる。その後、ワカサギの群れは呼人湾を出て、徐々に網走湖全域に分布するようになる。

このように地形的な要因で、女満別会場は呼人会場より釣れ始める時期が少しばかり遅い傾向がある。ところが、2020年シーズンの女満別会場から聞こえてきた釣果報告は、呼人会場に負けず劣らずの豊漁。解禁直後からシーズンを通じて安定した釣果があった。本来、網走川や流入河川のインレットに近い女満別会場は、春が近い２月中旬から３月のクローズまでが人気。春を迎えて産卵のため、抱卵したシシャ

特設コースでファットバイク体験も楽しめる。夢中になる子どもの姿も

モのようなデカサギが釣り人を楽しませてくれる。天ぷらもよいが、一夜干しや味醂干しで子持ちワカサギを味わってみたい。

３月は春の陽気を感じる暖かさになることも珍しくない。露天で春の日差しをたっぷり浴びながら釣りを楽しめるのも女満別会場の魅力だ。運がよければ、オジロワシを近くで眺めることができるかもしれない。

北海道の氷上ワカサギ釣りは近年、冬季の観光アクティビティとしても広く認知され、年々人気が高くなっている。そのなかでも網走湖は、冬季の３ヵ月間だけで２万人もの釣り人が訪れる場所として全国的にも注目を集めている。

ポイントガイド

◎呼人会場

水深は進入禁止ポール沿いで2～3m。岸沿いは1～2m。湖底はほとんどフラットで泥質。水の透明度は低い。オモリで底を小突きすぎると一時的に濁ったり、外道のヌマガレイを呼んだりする。

第1のポイントは、進入禁止ポール沿い。遡上したワカサギの群れが、必ず通過する解禁直後のベストポイント。ワカサギ漁の網が入るまでは入れ食いになることも珍しくない。

第2のポイントは、進入禁止ポール側から湾の内側に向かう岸沿い。ワカサギの群れは岸と平行して回遊するため、湾の中央付近よりも岸寄りをねらうほうが好釣果を望める。

第3のポイントは、あまりメジャーではないが、呼人湾の対岸だ。漁の網が入ると管理棟近くは釣果が落ちてくる。そこで、対岸付近に足を延ばし、湾から出て行こうとする群れをねらうエキスパートもいる。なお、湾を横断する際は氷厚に充分注意が必要だ。

土日は大勢の釣り人が訪れるため、管理棟横の第1駐車場は開門前に満車になることが多い。混雑する時間帯は誘導員が配置される。第2駐車場はキャンプ場側にあるが、よほどのことがない限り、満車になることはない。この場合、管理棟で荷物を降ろしてから第2駐車場に車を入れるとよいだろう。ただし、荷物の盗難に遭った例もあり、同乗者を残すなどの用心は必要。

管理棟では、テントやタックル一式のレンタルのほか、エサの販売も行なっている。また管理棟横のプレハブでは、ワカサギの天ぷらが食べられるなどファミリーや観光客に人気のスポットだ。

◎女満別会場

水深は進入禁止ポール沿いで2～3m。岸沿いは1～2m。湖底はほとんどフラットで泥質なのは呼人会場と同様。水の透明度はシーズン後半になるほど低くなる傾向がある。特に、雪代が入ると茶色く濁り、仕掛けの選択が重要になる。

人気のポイントは、会場の一番奥の行き止まり付近。進入禁止ポール沿いにテントを設営する。このポイントの対岸は網走川のインレット。管理棟側は湾になっている。女満別会場は小川の流れ込みがほとんどなく、ワカサギの群れが定位せず、常に回遊している。そのため、

【女満別会場】

●各種レンタル&販売

サオ1本（仕掛け付き）500円、エサ200円、仕掛け300円、サオ（販売）1,000円

よく目立つ、女満別のキャンプ場近くにあるワカサギ会場の入口

女満別会場の管理事務所。呼人会場より30分早く開場する。近くにトイレあり

比較的沖にテントが並ぶ。釣果を求めるなら一番奥をめざしたい

底を小突きすぎるとヌマガレイ（地方名カワガレイ）が掛かりやすい。海とつながっているのを実感できるゲスト

右が横川さん、中央が平久江洋和さん、左が北見市の藤田真一さん。お座敷スタイルで楽しんでいる　Photo by Hideki Yokokawa

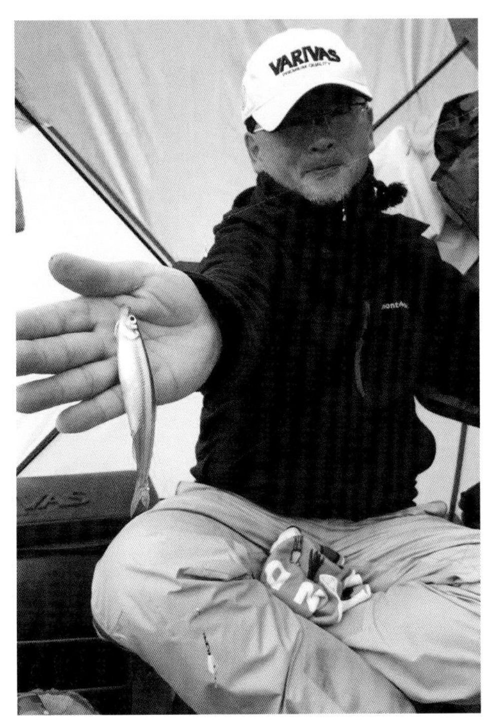

網走湖ならではの良型のワカサギを持つ横川さん。一度この湖を訪れると、その魚影の多さに驚くだろう　Photo by Hideki Yokokawa

群れの回遊を読み、「面」でキャッチできるように穴を配置している。「左右の穴を群れの回遊と並行して配置すると、"線"で釣ることになり効率が悪い。このように、回遊に対し、穴を垂直に配置すると群れを"面"でとらえることができて効率がよい　Photo by Hideki Yokokawa

魚探で探査して反応がなくても、エサを落として誘うことで群れを引き寄せることが可能だ。

開門時間まではバリケードで閉鎖され、開門までは一列に並んで路上駐車で待つ。管理棟からの道路は非常に狭く、駐車場がほとんどない。道路の片側に縦列駐車することになる。途中にトイレや車両切り返しの場所があるが、Uターンは困難。湖へのアプローチは道路を降りてすぐ。雪氷が雪解けで緩むと膝まではまることがありロングブーツが必要。管理棟からの道路は舗装されておらず、特に春先は道路がぬかるみ泥水が跳ねるので注意したい。

タックル選びのアドバイス

ポイントの水深は平均2～3m。よほど大きな群れが直下に定位しない限り、魚影に反応が映し出される時間は極短い。群れは常に回遊していて、誘いをかければ遠くからでもエサを食いに来る。そのため、あまり魚探の画像に惑わされることなく、エサ替えと誘いで魚を呼び込み、アタリを取ることに集中したほうが楽しい。各タックルの重要ポイントは次のとおり。

◎先調子ロッド

ロッド（穂先）はアタリを乗せやすく、手返しのよい先調子をチョイスしたい。最小限の手首の動きでフッキングに持ち込めるだけでなく、高活性の魚の向こうアワセに負けないバットの強さにより掛けた魚を暴れさせない。

◎小型軽量リール

リールまたは手繰りグリップは、ロッドから伝わるシグナルをスポイルしない小型軽量モデルがベター。よりダイレクトに魚の引きも味わえる。

◎仕掛けはアピール重視

水の透明度が低いので、魚に積極的にアピールする仕掛けが有効。なお、ハリは狐とバリバスの返し鈎バリがおすすめ。氷上釣りでは、ゲイプの広い袖バリを使うと、魚が暴れたときに氷に掛かってしまうトラブルが起きやすい。

◎オモリは重め

オモリは6g以上を選びたい。二刀流で挑む場合は、左右の仕掛けの絡み防止にもなる。なお、二刀流の場合は、多点掛けで魚の暴走を阻むため、穴の間隔（2つの穴の中心を結ぶ距離）を広めに取りたい。私の場合、通常は50～55㎝だが、オマツリを防止するため60～65㎝にしている。

◎釣る秘訣

サシは切って、エキスで魚を誘う。紅サシと白サシがあれば充分。交互に両方使い分けながら食いを確認するとよい。あとはロッドアクションで遠くの魚を呼び込むこと。撒き餌はまったく必要ない。

もっと釣るために！ 私的タックル考①

ロッド（穂先）

■公魚工房 ワカサギ穂先［ワークスリミテッド］R-シリーズ（VARIVAS）

2020年シーズンからラインナップされたRシリーズの特徴は、エキスパートからビギナーまで扱いやすく、フィールドを選ばないということに尽きる。コストパフォーマンスも高く、ビギナーにおすすめだ。友人ファミリーと釣行した際、はじめて電動リールを扱うという小学生と奥様がすぐロッド操作に慣れて、「今までの倍以上のペースで釣れて楽しかった」と言っていた。素材はフルグラス。『VAR-F285』は、ハイレスポンスな3：7先調子、ミディアムライトアクションモデル。網走湖の15cmオーバーのデカサギの、真横に走るような強引な引きにも負けない安定したバット（根もと部分）を持ちながら、ティップ（先端部分）までスムーズに曲がり繊細なアタリを逃さない。高活性な大型魚の群れが回遊する網走湖のシーズン開幕時、ケースから最初に選択するロッドとして最適だ。

併せて、『公魚工房 穂先延長アダプター』を使用することで「手感」がアップし、フッキング動作が正確に伝わるため、魚が乗ったときの感触がとても気持ちいい。マッチ棒のような軽量な当歳魚が乗ったことも分かる感度には驚くばかり。

開幕時に爆釣しても、シーズンが進んで魚が湖全体を回遊する頃には、当歳魚のようなサイズの小さい群れが入ったり、低水温などの影響で魚の活性が低く、食いが悪くなる場面に遭遇する。そんなときは、積極的にロッドを交換し、「チェンジアップ（アタリを取る方法を変化させること）」を仕掛ける。

その際、出番となるのは『VAR- FS275』。このモデルは、穂先延長アダプター 30〜50㎜と併用することでワンクラス上のレスポンスを発揮する。このセットでコンディションの異なる道内各地のフィールドを釣り歩いたが、当歳魚や食い渋り、居食いする乗せにくい魚を攻略することができた。ロッド交換のタイミングは、「釣れなくなったから替える」では遅い。魚探の反応を見たり、魚の食い方を確かめたりしながら、常に次の一手を考えて釣りを組み立てたい。

写真右は『VAR-F285』。全長285㎜、適合オモリ1〜15ｇ、適合ラインPE0.15〜0.3号・エステル0.3〜0.5号。写真左は『VAR-FS275』。全長275㎜、適合オモリ1〜12ｇ、適合ラインPE0.15〜0.3号・エステル0.3〜0.5号

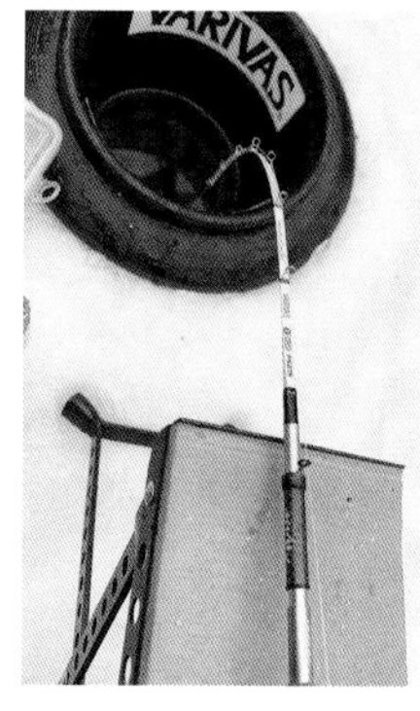

穂先の根もとにセットしているのが、『公魚工房 穂先延長アダプター』。30㎜、50㎜、80㎜の3種類ある

リール（グリップ）

■クリスティアワカサギ CRTα（ダイワ）

ダイワの人気電動リール『CR』シリーズが、2019-2020年にフルモデルチェンジ。ユーザーの要望に応える形で、大幅にアップデートされた新『CRT』シリーズは傑作といっていいだろう。私は電池の交換が面倒なので、「外部電源αユニット」付きを選択したが、いざとなれば電池も使えるので安心だ。次から、私が何をリールに求めるかを伝えたい。

リールを保持するときは、たたき台に乗せ、親指と人差し指で軽くホールドする。ほかの指は添える程度で力まないように。親指と人差し指で挟んだ部分に重心がないとアンバランスになって余分な力が必要になる。ここがリール選びの最も重要な要素になる。10束釣りをするときにバランスが悪いと疲労度が増すのはいうまでもない。ロッドや穂先延長パイプ、ロッドの角度を変える可変ソケットが軽量化を重視して開発されているのは、単に手感を上げるためだけでなく、タックル全体のバランスを取ることにも一役買っている。

誘いを掛けるときやアタリを取るときは、たたき台からリールを垂直方向へスッと力まず持ち上げるだけ。それで乗らなければ、そっとたたき台に戻す。「アワセはどれくらいのアクションが必要？」とよく聞かれるが、基本的には「ハリスの長さ分」と答えている。リールをたたき台から持ち上げる距離はハリスの長さと考えれば、極小さなアワセでいいことになる。

手感で乗ったのを確認すると同時に、人差し指で巻き上げスイッチをオンにする。親指だと握り直す分、ワンテンポ動作が遅れる。高活性な群れが定位しているときは、アワセで下バリを食ったのを感じたら、巻き上げずに再びたたき台に戻し、次の追い食いを待って、もう一度アワセを入れて「多点掛け」を積極的にねらうこともある。

アタリを取りにいって乗らない場合、つまり「空アワセ」になることもあるが、実はアタリがないのに、あえて空アワセを入れることも多い。魚の活性が低く、食いが悪いときは、食ったまま動かない、いわゆる「居食い」状態になったり、食ってもすぐに吐き出したりする。アタリが見えないとか、アタリはあるけど食わないとか、釣り人の頭脳を悩ますこの現象を打開する際、空アワセは有効な手段になる。つまり取れなかったアタリが取れるようになるのだ。

このように、タックルは魚と手を結んで釣り人の脳まで情報を伝えるという重要な役割を担う。リールはその中心に位置しているといってもいいと思う。

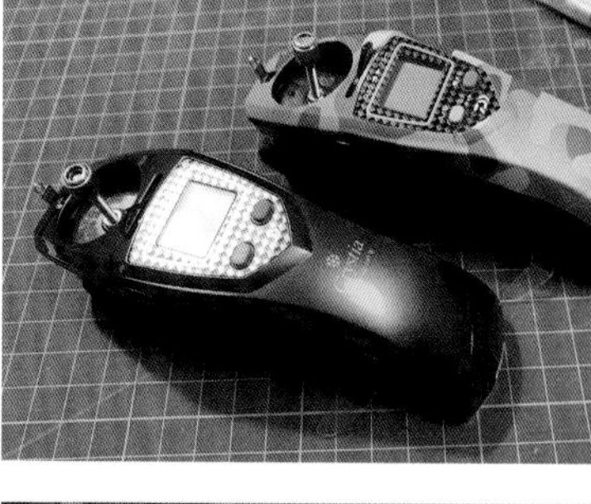
新型小型モーター搭載でスピード・パワー・電池寿命が大幅にアップ。大型液晶パネルはデカ文字化し、表示情報が増えた。水深カウンター補正機能で正確なタナ取りが可能だ。写真手前は市販時のメタリックガンメタ

私はオリジナリティを演出するため、ボディーにカッティングシートを貼ってチューンしている

写真・文＝横川英樹（北見市）
Photo & Text by Hideki Yokokawa

ここでは、10ページで網走湖をガイドしていただいた横川さんが、タックルに対する考え方と、イチオシのアイテムを紹介。網走湖以外のフィールドでも通用するエッセンスが詰まっている。

仕掛け

■基本的な考え方

仕掛けの選択は釣果に大きく影響する。まず氷上釣りでは、基本的に「狐」か「返し鈎（VARIVASのオリジナル形状）」バリが適していると考えている。ゲイプが広く、掛かるとバレにくい「袖」バリを使うと、魚が暴れたときに氷に掛かってしまうトラブルが起きやすくなる。無理に引くなどして外そうとするとハリが折れたり、ハリスから切れたりすることもある。釣った魚の口にハリが刺さったまま食べると大変危険だ（帰宅して釣った魚を洗うとき、強力磁石でハリの有無を確認する方法もある）。

いろいろなシチュエーションに対応できるよう、どのメーカーも工夫を凝らした特徴あるタイプをリリースしている。数ある仕掛けのなかから、網走湖にマッチしたタイプを考えてみる。

網走湖では、①濁りに強く遠くの魚にアピールできる、②デカサギに対応するハリの強度、③長時間の釣りに耐えられるハリスの強度、④水深が浅いため上層から下層までの厚い群れに対応する全長とピッチ（ハリスの間隔）などが重要な要素になる。なお、下バリ付きでオモリをボトムまで落とすとヌマガレイが食ってくることが多い。浮いた群れを釣るとき以外、下バリは必要ない。

■ワカサギ仕掛け 北海道茨戸 ふわふわ玉 五本鈎（VARIVAS）

ふわふわ玉は、高活性と低活性どちらの魚にも非常に有効だ。浮力を持たせた玉は、多少水の流れがあるようなポイントで、ナチュラルにエサを漂わせることができる。このカラーは一見ホワイトだが、実際は薄桃色。開発者の平久江さんは「ミルキーピンク」と呼んでいる。このカラーは紫外線を全反射するので、光が届きにくいシチュエーション（マヅメ時や深場、濁り）でも魚には充分に見えていると感じた。昨シーズン、3度達成した10束釣り（大沼、阿寒湖、朱鞠内湖）で活躍した。

網走湖のアベレージサイズは大きく、前述したように耐久性も重要だ。その点、この仕掛けはハリスがナイロン製の0.25号と、ほかの仕掛けより若干太い。一日中、デカサギ釣りに使用しても縮れや伸びが見られず網走湖にも向いている。また、玉が大きいため、「エサ付けの際にハリを保持しやすい」とビギナーにもたいへん好評。フッ素コート加工されたハリは刺さりのよさにも定評がある。網走湖では1.5号を愛用。

■ワカサギ仕掛け 返し鈎（VARIVAS）

返し鈎は、吸い込みがよくフッキングしやすい秋田狐バリと、掛けるとバレにくい袖バリのいいとこ取りをめざした新しいタイプだ。

玉なしの素バリというシンプルな仕様だが、フッ素コーティングが施され、非常に刺さりやすい。また、ハリのゲイプが少し広めで持ちやすく、エサを付けやすいだけでなく、魚を外しやすいという点も見逃せない。間違いなくビギナーにとって、釣りがやさしくなる。余談だが、激シブのしのつ湖でも、ほかの極小バリより釣れた実績がある。

このシリーズの特徴として、ピッチを3種類（11.5・13・14.5㎝）、ハリ数を3種類（5・6・7本バリ）からチョイスできることがある。群れの厚さや密度で選択肢が広がり、エリアフリーで使用しやすい。網走湖にベストマッチは1.5号の5～6バリで、11.5㎝と13㎝ピッチ。エサを付けずに素バリでも食う魚がいたのでハリの形状にも秘密がありそうだ。

主に使用している仕掛け。特に注目したいのは「返し鈎」と「ふわふわ玉」。両者のメリットは大きいと感じる

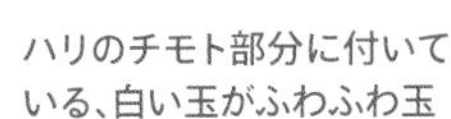
ハリのチモト部分に付いている、白い玉がふわふわ玉

もっと釣るために！ 私的タックル考①

網走湖の水深は2〜3mと浅く、下バリが必要になるケースはほとんどない

イケスが良型でいっぱい。好釣果を求めるならタックルをよく研究したい

オモリ

■ワカサギ専用 四面オモリ スイベルジョイント（VARIVAS）

網走湖は水深が浅いため、晴天の日に限らず、水中の光量は常に多い。そこで、常に明るい状態を想定してカラーを選択している。

蛍光マットグリーンは光量が多いときにシルエットが見にくいという特徴がある。マヅメ時や大雪後など水中光量が不足するときは、逆に無塗装のシルバー系を選択する。また、網走川の濁りの影響を受けやすいことも知っておきたい。女満別会場の3月は雪代が入り、かなり濁る。仕掛けも含めてカラーアピールが重要になる。

網走湖では6〜15gまで用意している。私は二刀流のため、左右の仕掛けが絡むのを防止すべく、氷穴の間隔を充分に取り、左右とも6gからスタートする。それで魚が暴れてオマツリが頻発するようなら7、8、12gにウエイトアップしていく。

ところで、ローリングスイベル付きのオモリ以外は使わなくなった。なぜなら深場の場合は特にオモリが垂直に落下しやすく、魚が回転して上がってきてもラインがヨレにくいため。

主に使用しているオモリと、オモリケース、愛用のアイテムたち

『ワカサギ専用 四面オモリ スイベルジョイント』には、蛍光マットグリーンの『同カラーパック』（写真下）と、無塗装タイプ（写真上）がある

エサ

■基本的な考え方

どのフィールドでも紅サシと白サシを両方用意して使い分けている。マヅメ時や濁り、大雪後などの光量が少ないときは紅サシが効果的。口の硬いデカサギが多い網走湖では、ラビットなどの柔らかいエサは持ちが悪い。

網走湖は魚のサイズが大きいため、サシを切らずにチョン掛けしている釣り人も多い。だが、やはり切ったほうが釣果は上がる。サシの内容物（エキス）による集魚効果は確実にある。1匹のサシは頭と尻に2つのハリを掛け、中央をカットして2分の1サイズで使っている。頭は硬く、尻は内容物が多い。エサの色が透明になると替えるというより、ロッドアクションで誘って一発で乗らなくなったらエサを替えるようにしている。魚探の反応が薄くなった際に替えるのも有効な手段だ。

エサを替えた直後は途端に釣れ始めることが多いのも網走湖の特徴。遠くの群れが集魚効果で寄ってくるようだ。撒き餌は不要。底に溜まった撒き餌により、ヌマガレイなどを呼び寄せることにつながるため。

白サシと紅サシを使い分ける。網走湖では小さいラビットは不要。サシは頭と尻にハリを掛けた後、中央部を切って使う

魚探の反応を見たり、魚の食い方を感じながら、次の一手を考えて釣りをしたい

初心者も上級者も大いに楽しめる

七飯町

大沼

Onuma

Field Data
堰止湖・淡水
周囲：約24km(大沼)、約16km(小沼)、約7km(蓴菜沼)
魚種：ワカサギ、イトヨ、ウグイ、コイ、フナ、アメマス

道南を代表するワカサギ釣り場は各種サービスが充実しているだけでなく、10束が視野に入る魚影の多さも魅力的。規模の大きいフィールドだが、道央や道東に比べると釣り人は少なく、魚探を駆使するならポイント開拓も面白い。

森町、鹿部町、七飯町にまたがる標高1,131mの北海道駒ヶ岳(別名・渡島富士)をバックに。もともとは富士山のような円錐の形をしていたが、大小の噴火を繰り返して現在の形になったといわれる。日本新三景に選ばれた素晴らしいロケーション。写真は大雪後の蓴菜沼

Photo & Text by Hiroki Hirasawa

Regulation
大沼・小沼・蓴菜沼・宿野辺川・軍川・苅澗川
●遊漁期間：1月上旬～3月中旬(氷の状況などにより変動あり)
●遊漁時間：午前8時～午後4時(蓴菜沼)、日の出～午後4時(大沼)
●遊漁料：1日600円(中学生以下300円)
●備考：会場は大沼と蓴菜沼の2ヵ所。釣りザオは1人2本以内。各種レンタルタックル、仕掛けとオモリの販売あり。撒き餌禁止
●問合先：じゅんさい沼管理棟　TEL.080-4040-7575(期間中のみ)
大沼漁業協同組合　TEL.0138-67-2329

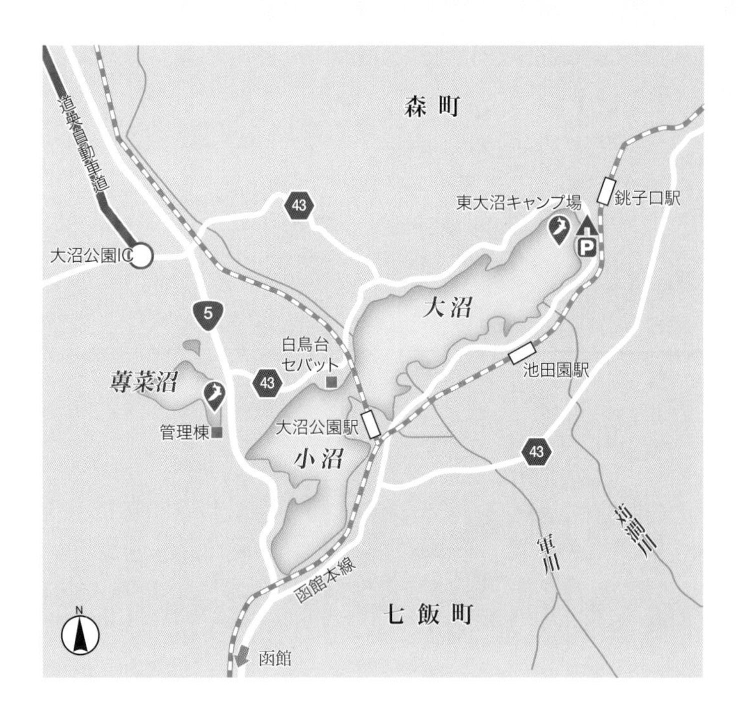

入門者は迷わずこちらへGO

じゅんさい沼ワカサギ釣り場

七飯町字西大沼318-1蓴菜沼

氷上に建てられたビニールハウス内にて。水深は3mほど。1年ぶりに来たという小学生が、お父さんと2人で快調に釣っていた

ビニールハウスの近くに穴を開け、外で黙々と釣っていた元気な子。何度も氷をすくっていたが、そのマメさが釣果を呼んだ？

ビニールハウスで受付を済ませる。休憩場所やトイレがあるほか、釣ったワカサギを唐揚げにしてくれるサービス（300gまで500円。午後3時半ラストオーダー）がうれしい。そのほか、貸しザオ（ハリ、エサ、道具一式）500円。仕掛けやオモリも販売している

ハウス内には60ヵ所ほど穴が開いている。外観で想像したよりも中は広々。椅子やバケツなども用意されていて、万全な防寒システムで臨めば何の心配もいらない

身体が冷えたら休憩場所で暖を取りたい。ハウス内には薪ストーブが置かれ、上ではコーヒー、茶、甘酒などのホットドリンクが温められていた

冬の釣りではうれしいカップ麺も並んでいる。しっかり温まりながら、釣ったワカサギの唐揚げを乗せていただけば幸せは倍増するだろう

蓴菜沼にはエンジン式のアイスドリルが置かれている。スタッフに頼んで穴を開けてもらうことが可能だ

数人が入れるレンタルのビニールテントが常設されている。釣果を上げたいマイテント派は沖をめざす人が多いようだ

ベテランの目標は10束

函館の隣町・七飯町の大沼は、道南で唯一の管理された氷上ワカサギ釣り場だ。昭和初期にワカサギが移入され、氷上釣りの歴史は40年以上。一般的に大沼は、大沼湖、小沼湖、蓴菜（じゅんさい）沼の総称。山の裾野に広がる大沼湖は東大沼に位置し、3湖のなかで最も大きく周囲約24㎞。大沼湖の西に位置し、大沼湖隣の月見橋で繋がるのが周囲約16kmの小沼湖。そしてR5を挟み、西大沼にあるのが周囲約7㎞の蓴菜沼だ。

大沼漁協では毎シーズン、氷上釣りのために大沼で捕ったワカサギを蓴菜沼に放流している。釣り場は大沼と蓴菜沼の2つあるが、一番の魅力はすこぶる魚影が多いこと。「10束（1000尾）が目標」というベテランは少なくない。

魚体は平均5～7㎝、最大10㎝ほどだが、2020年シーズンは13㎝ほどのシシャモのような良型もよく見られた。食味のよさも評判で、土産店で売っている名物の筏焼き、佃煮が観光客に人気だ。

大沼と蓴菜沼は、それぞれにある管理棟周辺がポイントになる。次からは、その概要を紹介したい。

ポイントガイド

◎蓴菜沼

管理棟のある大きなビニールハウス内は、悪天候の日でも釣りができる。レンタルタックルも充実していて、手ぶらでも気軽に楽しめる。漁協スタッフが常駐しているので、初心者なら迷わずこちらへ。棟内の釣り座は40ほどあるが、土日は混雑しやすい。

もちろん、マイタックルを使うベテランも挑戦したい。シーズン開幕当初は管理棟周辺でも釣れるが、シーズンが進むにつれ沖

●白鳥台セバット

大沼と小沼が繋がるところにあるセバット(狭まった場所の意味)。冬は沼が全面結氷するが、ここは水が動いてほとんど凍らず、渡り鳥などを間近で見られる。この日は運よく、カモ科の冬の使者・オオハクチョウが飛来してきた

いっぱい釣りたい 中～上級者向き

大沼ワカサギ釣り場

七飯町字東大沼

東大沼キャンプ場にある、3湖のなかで最も大きな大沼の釣り会場。蓴菜沼に比べ、水深は深いところで倍以上。電動タックルでガンガン釣りたいフリークにおすすめ

蓴菜沼よりも釣り人は少なく、ポイントは選び放題といえる。ソリに道具を積んでポイントをめざす本格派が目立つ

ビニールテントの簡易小屋がいくつかある。こちらでもアイスドリルを借りることができる。なお、貸しザオ(ハリ、エサ、道具一式)は土日、祝日のみ取り扱う

水深5.9mのポイントにて。底から中層までびっしり反応が。こんな状況も珍しくなく、つい夢中になってしまう

めで釣果が上がる傾向にあるようだ。沖めでも水深は4mほどで、全体的に浅い。穴を開けた直後はミジンコなどの微生物に誘われ、ワカサギが氷の直下まで浮いてくる。そのため、表層でもよく釣れるが、時間が経つと底付近がアタリダナになる。

◎大沼

東大沼キャンプ場の駐車場を利用する。東西に長く規模が大きいため、全面結氷は蓴菜沼よりも遅い。遊漁券は巡回している漁協スタッフ（土日は常駐）から購入する。なお、レンタルタックルとエサの販売は土日祝日のみ。

1～2人で釣りができる簡易小屋があり、マイテントがなくても楽しめるとはいえ、大沼を訪れるのはベテランが多い。蓴菜沼よりも釣果が上がり、より10束に近い釣り場ということに加え、広大な氷上からポイントを捜す楽しみもあるからだ。水深は蓴菜沼よりも深く、電動タックルの持ち味が活きる。シーズンが進むと減水し、沖めにワカサギの群れが溜まるようになる。好ポイントには旗などが立てられているので、初めての人はそれを参考にするとよいだろう。最大水深は6～8m。

ベタ底で来ることがほとんどだが、魚の活性が高ければ中層まで浮いてくる。魚探があると数を伸ばせる。また、アメマスの魚影が多いことも付記しておきたい。

◎アドバイス

どちらの釣り場も小型サイズがメインとなるシーズンは、0.5～1号の仕掛けと1～3ｇのオモリがベター。7～8ｇの捨てオモリを用いるベテランもいる。近年は魚影の多さを聞きつけた道央や道東の腕利きも遠征してくる。他地域に比べると温暖な気候もうれしい。ワカサギフリークを自負するなら一度は行ってみたいフィールドだ。

潮風を感じながら……
目の前は大海原

Field Data
海跡湖・汽水
面積：0.62㎢
周囲：約5km
最大深度：約5m
対象魚種：ワカサギ、ヌマガレイ、フナ

大樹町

ホロカヤントウ沼
Horoka yan to

管理されているフィールドのなかで最も海と隣接しているのがホロカヤントウ沼。海水が浸透する沼だけに一味違うワカサギがいただけると評判だ。

文＝佐藤博之（帯広市）
Text by Hiroyuki Sato
Photo by Ryo Kobayashi

雄大な太平洋を横目にポイントをめざす。この日は雪が降ってラクにソリをひけたが、砂の上をジャリジャリさせながら行くこともある

Regulation
●遊漁期間：12月下旬〜2月中旬（氷の状況などにより変動あり）
●遊漁料：1日700円（小学生300円）
●遊漁時間：午前5時〜午後4時
●備考：レンタルタックルなし
●問合先：大樹漁業協同組合　TEL.01558-7-7801
管理棟　TEL.01558-7-8866（期間中のみ）

水深が浅く、開幕は早い

私は十勝エリアの糠平湖（上士幌町）、サホロ湖（新得町）にもよく行くが、ここで紹介するホロカヤントウ沼は開幕が早く、シーズン初期に訪れることが多い。例年なら年末になれば氷に乗れる。おそらく平均水深が浅いうえ、河川の流入が少ないことから水の動きがあまりなく、フィールドの規模もそれほど大きくないからだろう。水深が浅いので手返しよく釣れ、魚影が多いシーズンなら数釣りしやすいのが同沼の特徴。近年はよい釣果があまり聞かれないものの、毎年ワカサギが放流されているので、どこかに溜まっていると考えたい。

ちなみに私の記録は、昼前で800尾。その日はそこで満足してストップしたが、10束の大台も充分に視野に入る釣れっぷりだった。水深が浅いとアタリダナを外すことがなく、手バネや手巻きタックルでも楽しめる。氷上釣りデビュー戦のフィールドとしてもピッタリだ。

シーズンの流れと好ポイント

◎序盤は海の近くで

同沼は大樹漁協が管理していて、ワカサギシーズン期間中は管理棟にスタッフが常駐している。氷の状況などは事前に確認を。棟内

海が間近だけに、風の影響を強く受ける。釣行前は風速も要チェック。テントはしっかり固定すること

管理棟で遊漁券を買う。トイレもあるので女性も安心。帯広広尾自動車を走り、更別ICで下車して釣り場に向かうとよい。帯広市街から約1時間半

冬のヌマガレイは独特の臭みが少なく、これを専門にねらう釣り人も見られる。その場合は海の近くでイソメを使うのがベター

よい年は10束も期待できる。最近は南蛮漬けのタレと刻んだ玉ねぎをタッパに入れ、揚げたてのワカサギを絡めていただくのが佐藤さんの好きな食べ方

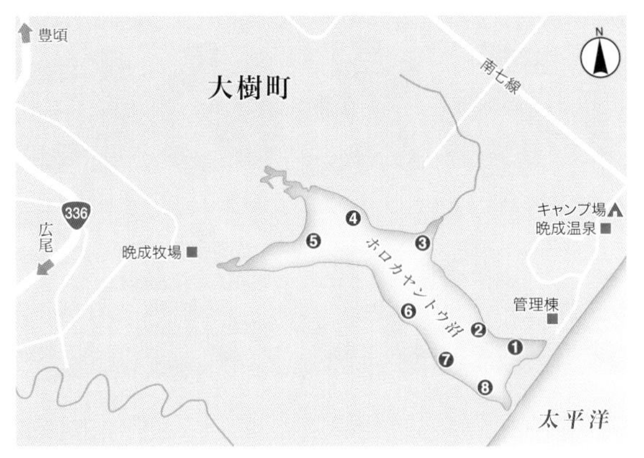

❶湧き水が出ている。シーズン初期によく釣れる
❷湧き水が出ているポイント
❸川の流れ込みがある。平均的によく釣れている
❹湧き水が出ているポイント
❺水深は1mほどだが、魚が溜まっていることもある
❻湧き水が出ているポイント
❼湧き水が出ているポイント
❽湧き水が出ている。①がダメなとき、ここがよいときがある

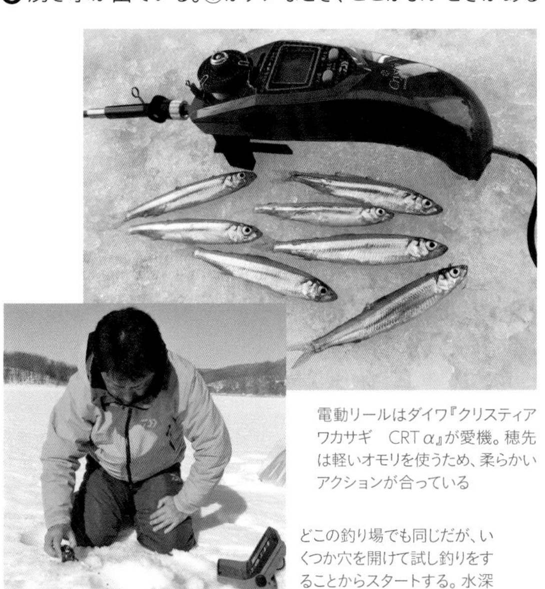

電動リールはダイワ『クリスティアワカサギ　CRT α』が愛機。穂先は軽いオモリを使うため、柔らかいアクションが合っている

どこの釣り場でも同じだが、いくつか穴を開けて試し釣りをすることからスタートする。水深が浅くても好釣果は望める

太平洋を見ながら湯に浸かれる『晩成温泉』(広尾郡大樹町字晩成2)。全国でも珍しいヨード泉で皮膚炎に効き、身体がとても温まる。おすすめはタオル、バスタオル貸し出し付きの「お食事付き入浴券」(1,200円)。10〜3月は火曜定休、営業時間は午前9時〜午後9時

それなりに数を釣ったら料理コーナー。食欲を刺激するいい匂いが漂う。フライパンを置くのに100均のキッチンラックが重宝する

ここに来たら食べてみたい、大樹町を代表するチーズとアキアジを使ったご当地グルメ「大樹チーズサーモン丼」

には沼の全体図が貼られていて、有望なポイントには番号が付いている。初めて行く方は要チェック。管理棟からは坂を下って釣り場に向かう。ソリが重いと帰りの登りがきつい。できるだけ荷物を減らすことをすすめたい。

例年、開幕時は手前側しか氷が張っておらず、海側でのエントリーになることもしばしば。氷が薄く危険なエリアにはロープが張られている。その指示には必ず従うこと。

釣れるワカサギは7〜8㎝が中心。この沼は湧き水が多く、その周辺で釣れるワカサギは魚体が透き通り、とても綺麗だ。シーズン序盤は海の近くで釣果が上がり、後半になると奥側がよくなるのが例年の傾向。なお、海の近くはヌマガレイもよく掛かる。冬のヌマガレイは旨く、手頃なサイズは唐揚げにすると旨い。専門にねらうアングラーもいるほどで、その場合はイソメを用意するとよいだろう。

全体的に氷が張ると沼の奥まで行けるようになる。最奥まで行っても1時間ほど。そこまで歩く猛者はほとんどおらず、チャレンジャーにおすすめのエリア。私はシーズンを通じて奥をめざす。なぜなら、海の近くは浜の砂が風に運ばれ、湖面まで飛んで来るため。砂混じりの氷をアイスドリルで開けると切れ味が悪くなってしまう。

◎1m以下でも釣れる

海から見て右側、沼の真ん中ほどに沢の流れ込みがあり、そこは平均して好釣果が聞かれる。沼中央の最深部は5〜6m。何度か釣りをしたことがあるが、あまり釣果はよくなかった。これまでの経験から、流れ込みがある場所やカケアガリ付近の浅場が釣れると感じている。岸側を見て流れ込みがありそうなポイントを探すのも手。ただ、流れ込み周辺などは水面が顔をのぞかせている場所もあるので注意したい。

水深1mもないところで入れ掛かりになることもよくある。穴を開けて水深が浅いからといって移動せず、まずは試し釣りをしたい。なお、水深が氷厚を含め1mもない場所だと、魚群探知機の振動子から底に向けて発信された超音波をセンサーで感知できないようで魚探が使えなくなる。自分の勘が頼りになるが、それはそれで楽しい。

タックル&おすすめスポット

浅い水深に合わせて軽いオモリでの釣りになり、穂先はダイワでいうとオモリ負荷0.5〜5gの柔らかいSSS〜SSアクションがマッチする。ミチイトはPEなら0.2〜0.4号、フロロカーボンなら0.6〜0.8号。

仕掛けは0.5〜1号。ハリは狐タイプが無難。水深60〜70㎝のポイントもあり、広くタナを探る必要性は低く、ハリ数が少なく（5〜6本）全長の短いものがベター。オモリは0.5〜3g。エサは白サシを使っている。

近くに『晩成温泉』があり、ワカサギ釣りで冷えた身体を温められるほか、食堂のメニューが充実しているのも魅力。また晩成温泉の前には宿泊施設『晩成の宿』もある。安価な値段設定がうれしい。

もっと釣るために！私的タックル考②

電動タックルが定着した近年、ひと昔前に比べると大幅な釣果アップが可能になったが、さまざまアイテムをどう使うかが肝心だ。釣果に結び付く実践的な方法を紹介する。

※記事内のアイテムは、すべてダイワ

文＝**佐藤博之**（帯広市）Text by Hiroyuki Sato

仕掛け

ハリスとピッチに注目

◎長めの特徴

ハリスは長いほうが、ワカサギがエサを口にしたとき、ラインにテンションが掛かりにくく、違和感なく捕食してくれる。誘いを小さくすれば、エサが自然に漂うようなナチュラルな動きになる。そのため、ワカサギの警戒心が強く、食いの渋い状況でもヒット率が高い。そんな状況では、ハリとハリの間隔（ピッチとも呼ぶ）も長いほうがいい。食いが渋いときは、ハリスもピッチも【長め】を選びたい。また、魚群探知機を見て群れが上下にバラついている場合もピッチの長い仕掛けが合っている。

◎短めの特徴

逆にハリスが短い場合、ワカサギのアタリは大きく出る。魚が掛かると暴れ、ほかのハリも動く。つまり、ほかのハリに振動が伝わりやすく、次のアタリを誘発しやすいのが利点。群れが多いときはハリスが短く、かつピッチの狭い全長の短い仕掛けのほうが多点掛けをねらいやすい。手返しよく数を伸ばすなら、ハリスとピッチは【短め】がベターだ。

◎ハリの色

一日をとおして釣りをしていると、朝は黒系のハリに食いがよく、日中は金系のハリに食いがよくなり、夕方は再び黒系が当たることがある。太陽が出て照度が上がったときは金バリに替えるのも手。

◎ハリのサイズ

食いが立っているときは大きくてもかまわないが、渋いときは小さめがベター。小さいとハリ自体の重さが軽くなるので、魚が吸い込みやすくなる分、ヒット率が上がる。

◎袖か、狐か

現在、ワカサギ用のハリは、袖もしくは狐が主流。袖はワカサギに限らず、チカ釣りなどのサビキ仕掛けにも使われている。このタイプはフトコロが広いので掛かりやすく、口から吐き出されにくい。初心者は袖が扱いやすいだろう。また、フトコロが広い分、エサが付けやすいのも利点。

狐は袖に比べるとスリムゆえ、ワカサギが吸い込みやすいのが特徴。ただ、その形状から吐き出されやすい。そのため、こまめに誘いを入れ、アタリが出たらしっかりと合わせるのが肝心。

なお、エサを交換するときに刺さりが悪いと思ったら、そのハリ先はあまくなっている。すぐに仕掛けを交換しよう。また、水温が低い道内の氷上釣りでは、ワカサギが魚探に映らないベタ底に張り付いていることが多い。下バリは必須といえる。

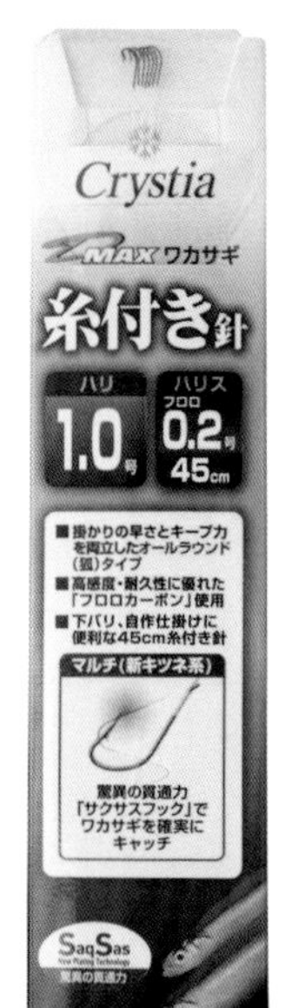

ワカサギ用のハリス付き下バリも市販されている。写真は貫通力の高さで定評があるサクサス仕様。オモリに搭載されたハリス止メを介して付ける

『快適ワカサギ仕掛け』でお気に入りは4種類。右上の『速攻ショート』はピッチが短く、ハリスは短め。こうしたタイプは密度の濃い群れの中に仕掛けを入れ、多点掛けをねらうときに最適。とはいえ、魚の活性が低くなると警戒心を与えることもある。そんなときは、『誘惑』や『定番ロング』シリーズのように、ピッチとハリスが長めのタイプに変えてみたい

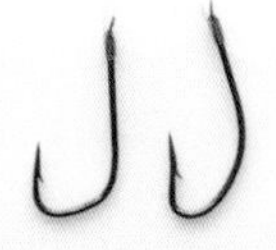

左が袖、右が狐。ダイワの仕掛けに用いられている狐バリは、ハリ先が若干外側に向いているのが特徴。魚が吐き出すときにハリ掛かりしやすい

エサ

最初からカットしない

◎マメに替えるのが重要

私の場合、白サシがメイン。サシは交換しないと体液がなくなり、水を吸って水ぶくれ状態になり、新鮮なエサに比べて一回り大きくなる。こうなると高活性の食いのよいワカサギしか食わず、サイズが小さく口の小さいワカサギは吸い込みにくくなる。こまめにエサを替えるのが何よりも重要だ。

入れ食い状態のときは、エサを交換する時間がもったいない。しかし、体液のなくなったエサだと反応が悪くなり、最悪、群れが離れてしまうことがある。そこで、仕掛けを一度回収するたび、エサを1匹替えてはいかがだろうか。そうして「美味しいエサがここにはあるよ」とワカサギに思わせ、群れをとどめるのだ。黒くなった古いサシは断然食いが悪い。

◎付け方と切り方

早朝など活性が高いときはカットせずにチョン掛けし、食いがよければそのままに。そして、渋くなってきたら半分にカット。アタリは出るのに掛からない場合、魚体が小さいと考えて3分の1にカット。このようにエサの付け方や切り方を変えるのがおすすめ。最初からエサをカットして始めると、後から打つ手がなくなってしまう。

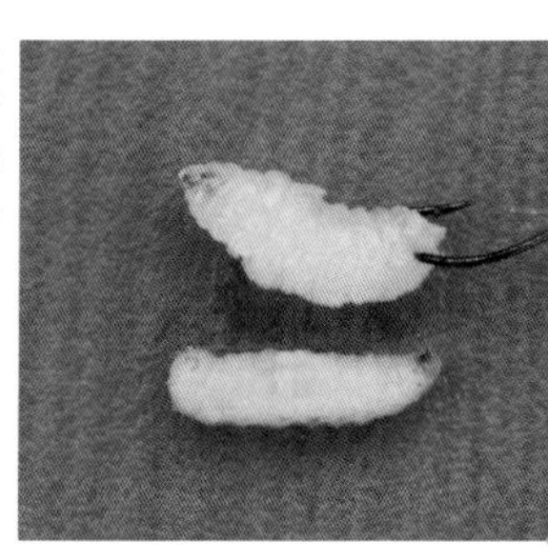

上が使い続けて水を吸い、ふくらんだ状態の白サシ。この状態になると食いは極端に悪くなる。下は未使用の状態。これくらい差がある

周りのテントが沈黙するなか、多点掛けに成功した佐藤さん

ロッド（穂先）

長さと調子の選び方

◎ロングも必携

テント内で楽しむ場合、穂先は短いほうが扱いやすい。30㎝以上のロング穂先も数多く発売されているが、これは本州のボート釣り用と思っていた。しかし……あるとき26㎝と34㎝で二刀流をしていると、34㎝のほうが見やすく、アタリを取りやすいことに気づいた。全長の長い仕掛けも扱いやすい。

◎最初は胴調子を

穂先にもいろいろな種類があるが、大きく分けて先調子と胴調子に分けられる。どちらか1本を選ぶとすれば胴調子がおすすめ。サオが柔らかくなっている部分が長いので、食い込みがよく、小さいアタリでも大きく出て見ていて分かりやすい。つまり、初心者でもアタリが取りやすい。

一方の先調子は、サオの曲がるところが狭く反発力が強い。そのため、渋いときに手持ちで細かな誘いを行ないやすく、アタリを感じ取りやすい。アワセは手を返したくらいでもハリ掛かりするので、1尾ずつ確実に釣るスタイルに向いている。

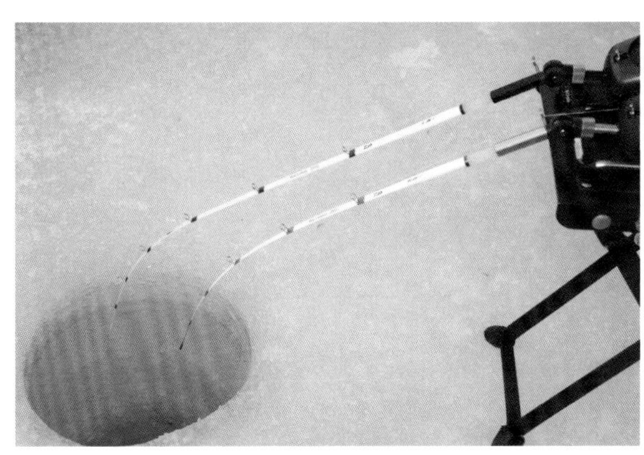

写真奥は340㎜の先調子、手前は260㎜の乗調子。8㎝の差だが、全然見やすさは違う。また、先調子は先端部分が曲がっているのに対し、乗調子は手前から緩やかにカーブしている。いわゆるスローテーパー気味の味付けが施され、ソフトな誘いができて胴調子よりもアタリが分かりやすい

お気に入りの穂先を8㎝延長できる『クリスティアワカサギ 穂先延長キット』

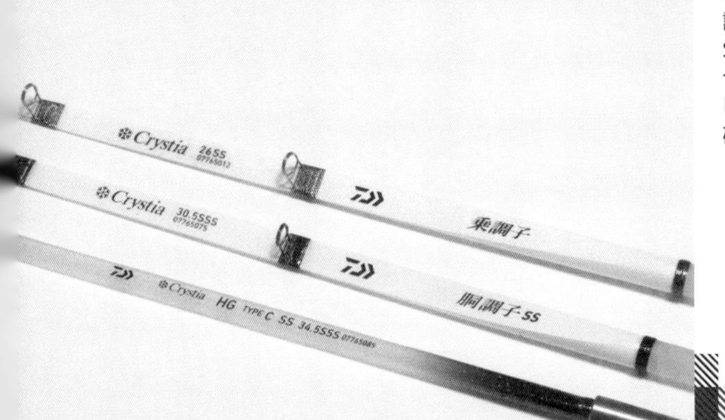

クリスティアのワカサギ穂先シリーズで愛用している3本。写真上から、先調子と胴調子の中間的なアクションが魅力的な『乗調子』260㎜・硬さSS（オモリ負荷0.5〜3ｇ）、1本目として薦めたい『胴調子SS』305㎜・硬さSSS（同0.5〜6ｇ）、サクサスガイドを搭載した『HG TYPE C SS』345㎜・硬さSSS（同2〜5ｇ）

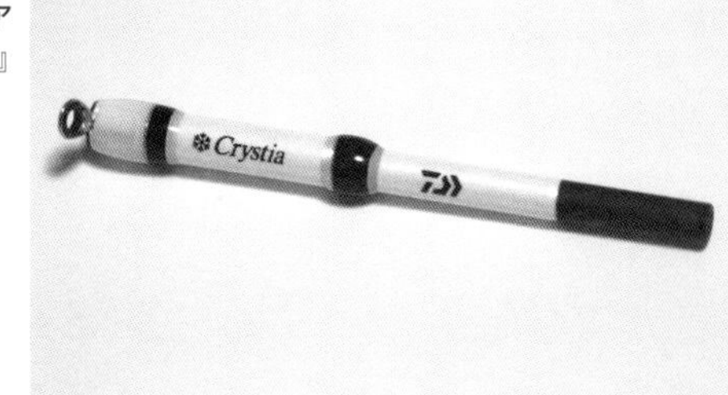

写真のように『クリスティアワカサギ可変アダプター』も装着すれば計13㎝の延長が可能になる

近年は30cm前後のロングロッドの出番が増えている（写真左）

単独釣行時のテント内。電動タックルの二刀流が基本スタイル。「腰が痛くなるので……」と、ローチェアのスタイルを好む。底冷えが気になるので、100均で買ったマットを氷上に敷いている（写真右）

もっと釣るために！私的タックル考②

電動リール

年々進化、新モデルは凄い！

◎スピード＆パワーがUP

電動リールが発売されると1000尾釣るのも夢ではなくなった。リリース当初から人気の『クリスティアワカサギ電動リール』は2019年にデザインが一新。前作よりさらに握りやすく防水性が向上したほか、スピードとパワー、そして電池寿命が大幅にアップしている。また、新機構の“ふんばるレッグ”は、置きザオ時の巻き上げでリールの浮き上がりを防止する。状況に応じて長さを調整できるのもいい。

◎軽量スプールの効果

ワカサギのサイズが小さく、アタリが出にくいときはシンカーを軽くしたいところだが、仕掛けの落下速度が遅くなり手返しが悪くなるのがネック。その点、新モデルはスプールが前作より軽量になったことで回転性能がよくなり、軽いシンカーでも沈下しやすい。サクサスガイドを採用した穂先をセットすれば仕掛けの落下速度はさらに速くなる。結果、手返しがよくなり、釣果アップに貢献する。

◎時代は外部電源

外部電源αユニットはAirコードになり、細くしなやかで軽く、釣りをしていてもコードが気にならない。外部電源ボックスは単三電池4本をセットでき、これがあれば1日電池交換しなくても釣りが楽しめる。

ダイワの電動リールで試したい機能に「名人誘い」（エキスパートの誘いを自動に行なえるモード）があるが、これを多用しても電池の減りを気にしなくてすむ。外部電源を使うとリール本体に電池をセットする必要がなく、リール本体を軽くできるのも利点。それにともない感度が向上し、より操作性がアップする。

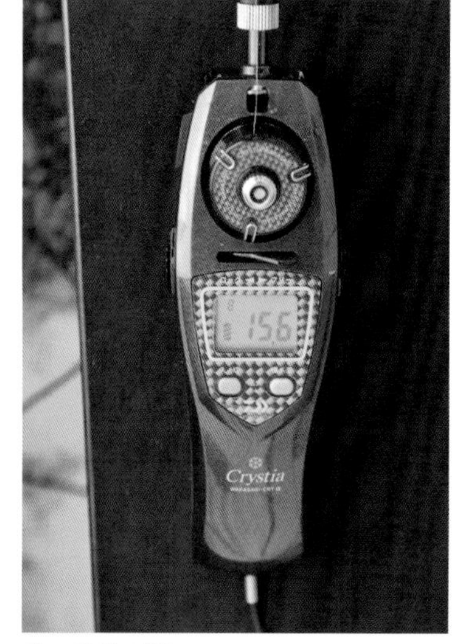

私の愛機は『クリスティアワカサギ　CRT α』。デカ文字の液晶パネルを採用し、設定されている機能などが一目で分かるのもグッド。ラインはPE0.2号を巻いている

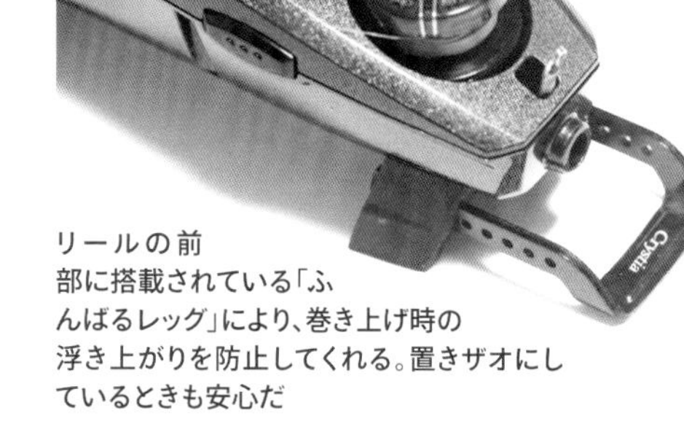

リールの前部に搭載されている「ふんばるレッグ」により、巻き上げ時の浮き上がりを防止してくれる。置きザオにしているときも安心だ

左が前作、右が現行のスプール。両者を比較すると、ここまで小さくなった。スプールの軽量化がもたらすメリットはとても大きい

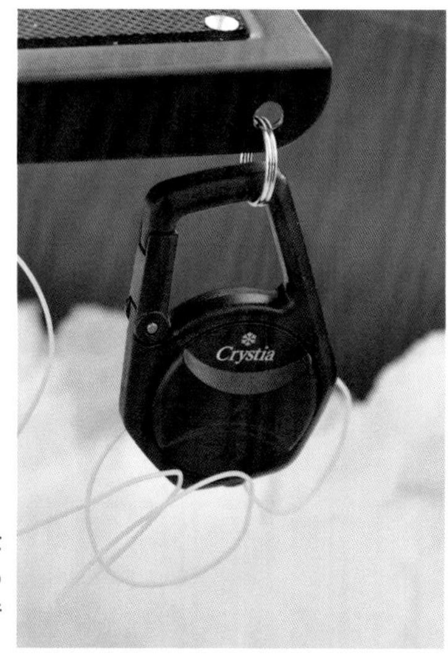

置きザオでマスなどが掛かると、大切な電動タックルを持っていかれることも……。リールとたたき台は専用の尻手ロープでつないでおきたい

左は外部電源αユニット。しなやかな細径コードで扱いやすい。右は外部電源ボックス。単4アルカリ乾電池2本仕様の従来モデルに比べ、使用可能時間が約3倍に伸びた

可変アダプター

もはや必需品

「これって、必要？」とたまに聞かれる。確かに昔ながらの手巻きリールでワカサギ釣りをしていた頃、このアイテムはなかった。しかし電動リールの時代になり、穂先もさまざまなタイプが発売され、より繊細になった現代の釣りでは用意したいアイテムだ。

可変アダプターの最大の利点は、一番アタリの出やすい角度に調整できること。角度を下向きにすることで、穂先に掛かるシンカーの負荷を減らし、ワカサギの微かなアタリを的確にキャッチできる。特に柔らかい穂先には欠かせない。電動リールが2つあれば、可変アダプターの有無を試してみるとアタリの出方の違いに驚くだろう。

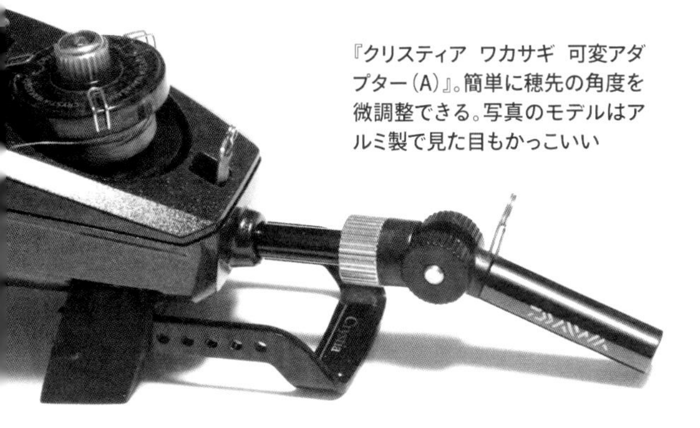

『クリスティア　ワカサギ　可変アダプター（A）』。簡単に穂先の角度を微調整できる。写真のモデルはアルミ製で見た目もかっこいい

オモリ

ドロップ型も欠かせない

従来の棒状シンカーは魚探に映りづらかったが、ドロップ型で横幅のある『クリスティア ワカサギシンカー TG DR-R』は魚探に映りやすいのが特徴。タングステン製で比重が高く、低重心なので仕掛けが真っすぐに落ちる。落下速度は速く、深場の釣りにも適している。

マス類が生息しているフィールドでは、色付きシンカーにマスが反応しやすい。その点、TG DR-Rはステルスカーキカラーでマス類が寄りにくいようだ。なお、ワカサギも食い渋ると色付きシンカーを嫌うように感じる。

棒状のシンカーは誘いを入れると振れて仕掛けが暴れやすい。仕掛けの動きを大きくしたいときは棒状シンカーを選び、振れ幅をなくしたいときはドロップ型と使い分けるといいだろう。

左は棒状の『クリスティア　ワカサギ　シンカーTG』、右はドロップ型の『同DR-R』。同じ4gでもシルエットはこれほど違う。状況などにより使い分けたい

誘い方

渋くなったら試したい

◎聞き上げ

通常はリール台（たたき台とも呼ぶ）に電動リールを置き、トントンと軽く穂先が動く程度の誘い方でいいが、渋くなったときに私が多用している誘いを紹介したい。

ひとつめは「聞き上げ」。この誘いはリールを手に持ち、ゆっくりと持ち上げる感じで行なう。ハリスにテンションを掛けているので、仕掛けを上げているとき、ダイレクトにアタリが伝わり即アワセが可能。手返しがアップする。

◎たるませ

もうひとつは「たるませ」誘い。聞き上げとは逆にオモリを底に着け、ラインをたるませて仕掛けをふわふわ漂わせる。これも食い渋るワカサギに有効。ハリに付いているエサが自然に漂うことで、ワカサギが違和感なく食ってくるのだと思う。この誘いの場合、穂先ではなくラインを見てアタリを取る。魚探にワカサギが映っているのに反応がないときなど、活性の低い時間帯に2つの誘いを行ない、多点掛けをねらわずに1尾ずつ丁寧に釣るのもワカサギ釣りの面白さだ。

通常の誘い方で反応が悪いようなら、ゆっくりとリールを持ち上げて仕掛けにテンションを掛ける「聞き上げ」誘いを試したい

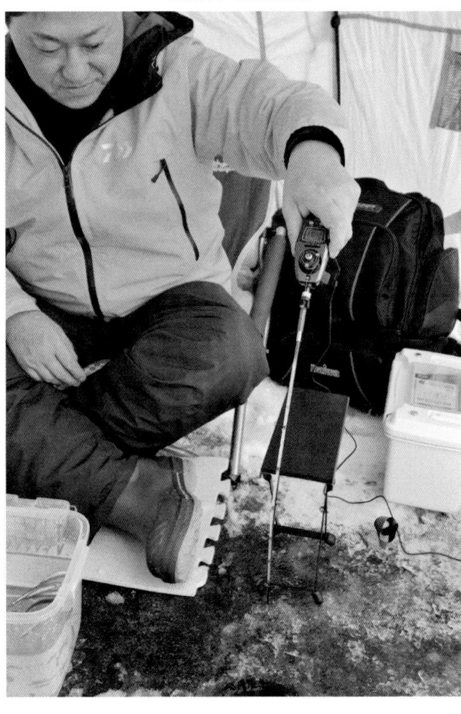

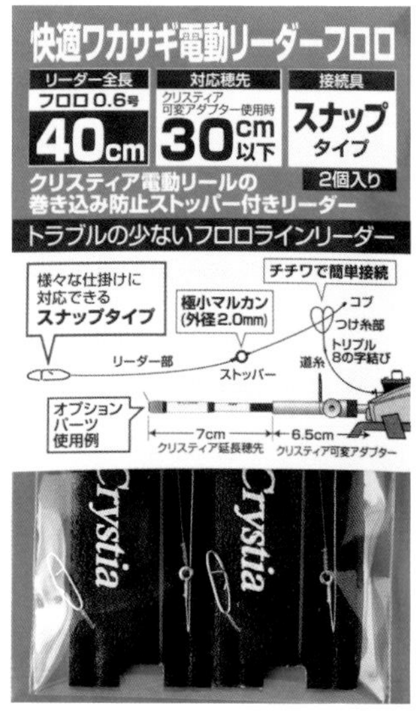

快適ワカサギ電動リーダーフロロ
リーダー全長
フロロ 0.6号
40cm
対応穂先
クリスティア可変アダプター使用時
30cm以下
接続具
スナップタイプ
2個入り
クリスティア電動リールの巻き込み防止ストッパー付きリーダー
トラブルの少ないフロロラインリーダー
様々な仕掛けに対応できるスナップタイプ
極小マルカン(外径2.0mm)
チチワで簡単接続
コブ
つけ糸部
トリプル8の字結び
リーダー部
ストッパー
道糸
オプションパーツ使用例
7cm
クリスティア延長穂先
6.5cm
クリスティア可変アダプター
Crystia
Crystia

仕掛けの巻き込みを確実に防ぎたいなら、仕掛けのスナップに巻き込み防止ストッパー付きリーダーを接続したい。写真はフロロカーボンリーダーだが、PEラインリーダーのタイプもある

手巻きリールながらよく釣っていた北條さんの愛娘・紅葉さん。三人姉弟の真ん中でお父さんのよき釣りの相棒でもある

良型をダブルでゲットした北條さん。(公財)日本釣振興会北海道地区支部のメンバーで、釣り普及の活動にも熱心

道内一番人気!? 数も型も期待大

札幌市・石狩市

茨戸川 Barato River

Field Data
流路延長:約20km
最大深度:約10m
魚種:ワカサギ、ウグイ、フナ、コイ、イトヨ、ハゼ類

札幌近郊の憩いのフィールドとして古くから愛されている茨戸川。近年は駐車の心配のないエリアがあり、専用仕掛けも市販されるなど注目度が増している。ほぼ茨戸一筋という北條正史さんの一日に密着。

スタート直後からロッドが曲がる。電動リールはブロックス『攻棚ワカサギモータードライブEC』、ラインはPE0・3号

日曜の午前1時頃の釣り風景。釣り人はファミリー層が多かった

札幌近郊のオアシス

札幌市北部から石狩市にまたがる茨戸川は、札幌近郊のワカサギ釣り場としてあまりにも有名だ。かつては石狩川の一部だったが、洪水対策のため石狩川から切り離された旧川が茨戸川である。流路延長は約20km、幅は約200mの1級河川。P94で詳しく解説しているが古くから漁業が盛んで、地域の漁協により内水面漁業権が設定され、ワカサギやエビ漁が行なわれている。ワカサギねらいで銀盤に乗る人は年々増え、氷上釣りは近年、旅行会社が企画する人気ツアーのひとつになっている。

石狩市在住の北條正史さんは「ワカサギ釣りは、ほとんど茨戸しか行きません」という生粋の“バラトファン”。物心ついたときから父に連れられ、自分が親になってからは子どもと一緒に親子三代で茨戸川に張った氷に乗る。

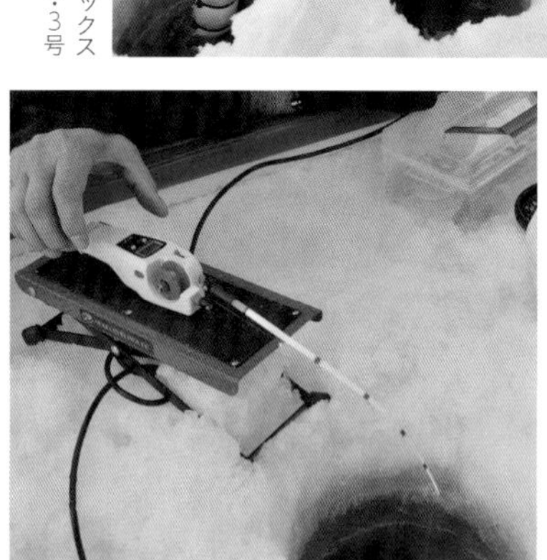

●ガイド下向きの利点
穂先は21cmのSSSアクション(オモリ負荷0.5~2g)を愛用。ブロックス『ワカサギジョインタースリム』を接続し、ガイドを下向きにセット。こうするとガイドが穂先に触れないので仕掛けの沈下速度が速いうえ、「ライントラブルが減る」そうだ

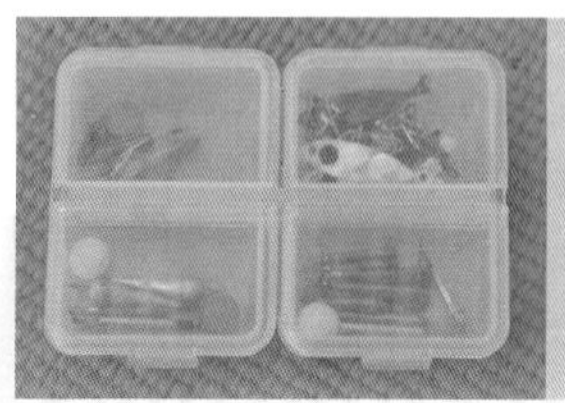

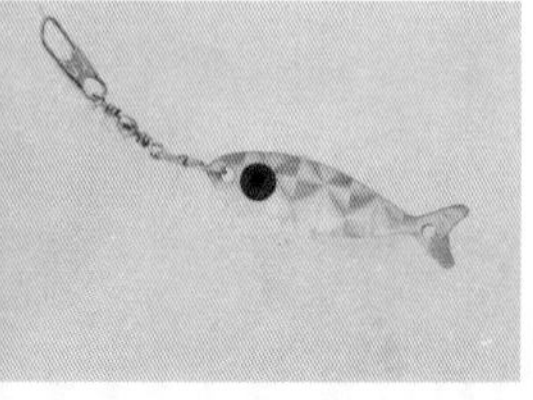

●オモリは軽く!
底釣りの場合、オモリは1.5gがメインだが、表層でアタリが頻発するなら……ごく軽量な、たとえば写真のような市販の集魚板をオモリ代わりに用いることもある

オモリは仕掛けハンガーを介して洗濯バサミに挟んで固定するとエサ付けがしやすくなる

「自宅から近く、手軽に楽しめるのが一番」というが、長年一途に通い続ける大きな理由に魚影の多さがある。200万都市・札幌から至近ながら腕自慢は10束をねらう。今もそんな環境が残っていることに驚かされる。

また、茨戸川なら希少種として知られ、通常のワカサギより大型に育つというイシカリワカサギに想いを馳せることもできる。15cmほどのデカサギが、よく釣れるフィールドでもある。

表層で連続ヒット!

茨戸川のポイントとして、ガトーキング裏やサーモンファクトリー裏、焼き肉店前、そして真薫別川（茨戸川と同様、石狩川の旧川。本流とつながる志美運河から上流20.2kmが茨戸川、その下流2kmが真勲別川）などが知られ、いずれも自己責任のもと無料で釣りができる。しかし、ワカサギ釣りファンの増加とともに問題視されているのが駐車マナー。そんななか注目されているのは、広々とした駐車場を利用できる『とれた小屋ふじい』が運営するエリアだ。2月下旬、北條さん親子と訪れた。

午前8時、受け付けで駐車場代を支払い、準備を済ませて氷上へ。まずはいくつか穴を開けてみるが、魚探を入れると一帯の水深は3～4m。反応のよいポイントにテントを設置する。開始から北條さん親子は絶好調。午後2時半まで釣りを楽しみ、200尾以上キャッチ。最大は約13cm、平均7～8cm。アタリダナは氷の下1～2mで、意外にも底付近では反応が悪かった。

「表層から中層でアタリが多いときは、オモリを軽くするのが有効」と北條さん。場合によっては集魚板をオモリ代わりにする。そんな超軽量の代用オモリを使うときは、釣り穴に漂う氷をマメに取り除く作業が肝心。そうしないと仕掛けがスムーズに落下しないため。そこで取り入れているアイテムが、天ぷらかす揚げ用の網。ただし、かす揚げ用の網は耐久性が低い。穴を空けた直後に大量の氷を取ろうとすると変形しやすく、通常のワカサギ用氷すくいと併用する。

北條さんはエサの付け方が独特だ。食いをよくするため、サシを通し刺しにして、4分の1くらいの大きさにカットしていた。「ハリ先は少し出すのがコツ」。

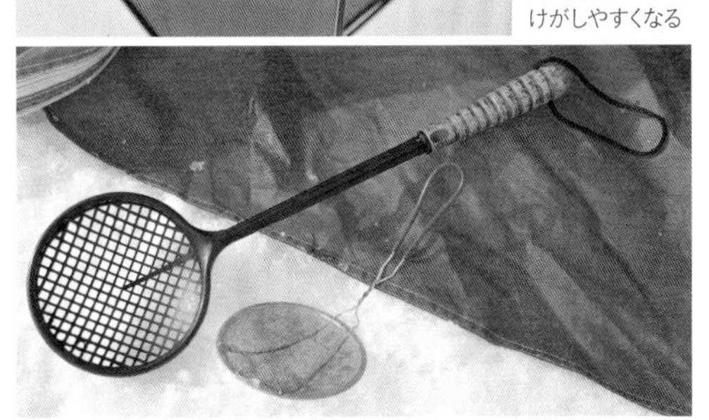

●おすすめアイテム
超軽量オモリを使う場合、穴の細かい氷を除去する必要がある。そのために、目の細かい天ぷらかす揚げ用の網を使っている

この日のマックスサイズは約13cm。良型はカリカリに揚げて南蛮漬けで、それ以外は天ぷらでいただくのが好みだそう

とれた小屋ふじい
札幌市北区篠路町拓北243-2　TEL.011-773-5519
マイテントを持ち込みたい中～上級者から、手ぶらで楽しみたい初心者まで対応。レンタルハウスは数多くあり、タックルなどの貸しアイテムも豊富。駐車場利用料は700円(平日500円)。営業時間は午前6時～午後4時

もっと釣るために! 私的スタイル考①

ここでは北條正史さんの道具類と、テントを設置する際の注意点、そして快適に釣るための釣り座や工夫点を紹介したい。

道具と積載術

バッカンの中には丁寧に扱いたい魚探や電動ドリル、調理器具、そして水道水を入れたタンクなどを収納

釣り場に持ち込むワカサギ釣り道具一式。ソリは氷上釣りで一般的なジャンボスレーの大サイズ(1360×660×190㎜)。断熱材のスタイロフォームを一番下に積むと、ほかの道具の収まりがよくなる。断熱材の上に乗っているのは大型のバッカン、灯油ストーブ、アイスドリル、工具ケース、テント

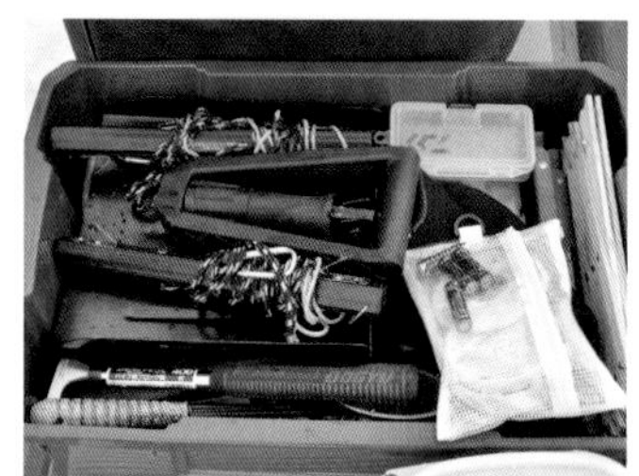

後部の工具ケースの中には、主に釣りのアイテムとアイスアンカー、折りたたみスコップなどが入っている。このケースの上にワカサギテントを置くと安定しやすい

テントの設置術

海が近い茨戸川は釣り場を問わず、風の影響を受けやすい。北條さんは過去にテントを飛ばされそうになったことがあるだけに、しっかり固定することを心掛けている。アイスドリルもペグとして活用する

プロックス『ワカサギテント用アイスアンカー』を2〜3個携帯している。通常はテント内で使うが、ペグが効かない場合、ペグ代わりとして外でも活躍する。このアイテムの使い方はP40を参照

快適お座敷スタイル

氷上に断熱材やマットを敷く"お座敷スタイル"の場合、スコップを使って地面をならし、フラットにするのが座り心地をよくするのに重要

スタイロフォーム(断熱材)の厚さは4㎝。その上に貼っているのはヨガ用のマット。テント内のスペースを有効に活用すべく、角はテントの形状に合わせてカットしている

お座敷スタイルでは靴を脱いでマットの上に座るが、底冷えするため靴下一枚だと寒い。ネオプレーン製などのインナーソックスを履くのがおすすめ

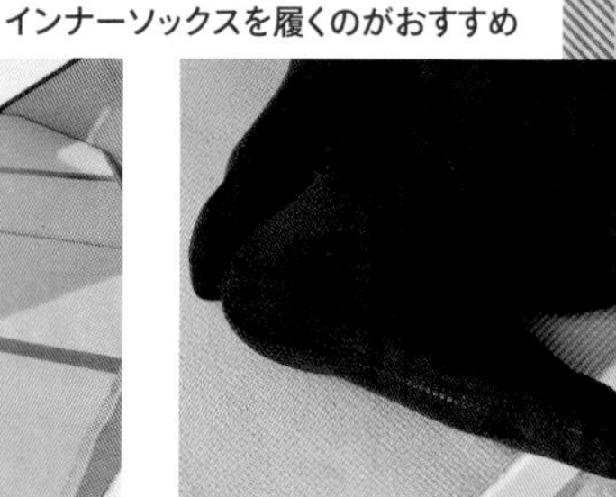

換気は万全に!

暖房器具は近年、暖かさを重視して灯油ストーブを愛用している。対流式のコンパクトなタイプは氷上釣りにマッチし、雰囲気もグッド。ランタンを兼ねていて、湯沸しとしても使用できる

暖房器具を使う場合、一酸化炭素警報機は必須アイテム。テントの上部に取り付ける。値段はピンキリだが、これは1,500円ほどで購入。もちろん、充分すぎるほど換気を行ないたい

美味しくいただくために

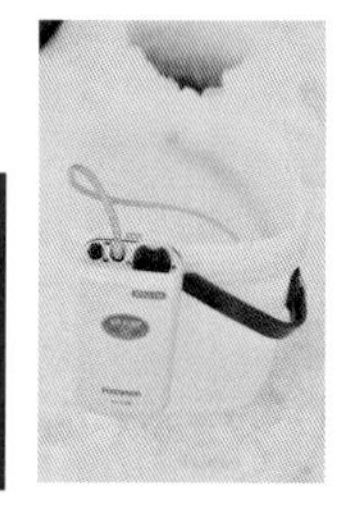

釣ったワカサギは釣りが終わるまで、エアポンプを取り付けたケースの中で元気に生かし、糞をよく出させるのが美味しくいただくコツという

北條さんは水道水を持ち込んでいる。臭みなどが気になるなら、水道水を入れたケースの中で釣ったワカサギを生かしておくとよいそうだ

天ぷらだけじゃない わかさぎ料理五品

Text by Maki Itou

江戸時代に将軍に献上したことから「公魚」と書くのは知られたところだが、何といってもワカサギは美味しいのが魅力。定番の天ぷらは確かに旨いとはいえ、たくさん釣ったら、それだけではもったいない。釣り&料理好きの女性アングラー推奨の五品を紹介。

魚本来の味を堪能できる

塩焼き&筏（いかだ）焼き

ワカサギを下処理する（ざるに入れて塩をし、やさしくかき回して臭みや汚れを取り、水洗い）。塩焼きの場合は、作る重さの約2%の塩をし、小型は爪楊枝（竹串でも可）に刺してから干す。表面が乾いたら、焦げづらい加工のフライパンで焼く。塩の%は魚の大きさや好みで。

次に筏焼きの場合は、ワカサギの下処理をした後、作る重さの約1%の塩をし、爪楊枝に刺して干す。塩焼きと同じようにフライパンで焼き、タレ（白だし、みりん、酒を2:2:1の割合で入れ、煮立たせて火を止める）に絡める。

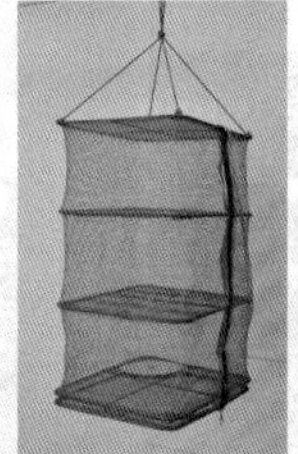

釣具店やホームセンターで入手できる干し網ネットに魚を入れる

爪楊枝に5尾前後のワカサギを刺す。刺す位置は魚体の中央付近

色どりよく、さっぱり旨い

マリネ

玉ねぎ、ニンジン、ピーマンを薄切りにする。これらをマリネ液（塩、胡椒を少々、オリーブオイル、酢、みりんを2：1：1の割合にしたもの）に入れ、30分以上置く。下処理したワカサギに、塩を少々入れた小麦粉か片栗粉を付けて揚げ、マリネ液と軽く和えればできあがり。

おやつ感覚で楽しめる

唐揚げ

私は衣が薄くて香ばしい唐揚げが好み。まずはワカサギを下処理する。水気を取り、塩を適量入れ、サクサクが好みなら小麦粉、カリカリが好みなら片栗粉をまぶして揚げる。油が跳ねやすいので、オイルスクリーンがあると周囲への飛び散りを防いでくれて安心だ。

写真はニトリのオイルスクリーン。納得の「お、値段以上!」

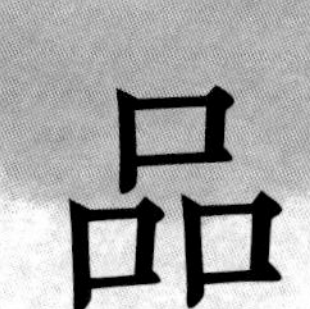

お茶漬けのような逸品

湯漬け

思わず箸が進む一品。先に紹介したワカサギの塩焼きと、好みの具材（海苔、胡麻など）を温かいご飯に載せる。白だし、熱い湯を1：10の割合で合わせて回しかける。空腹時は掻っ込んで豪快に、小腹が空いているときはさらっと軽くいただける。

お好みで『ねこぶだし』（アイビック食品）を入れても美味

ご飯や酒のお供にどうぞ

醤油漬け

沖で釣ったイカをタレに漬けるのは沖漬けといわれるが、これはさしずめ氷上漬け!? ワカサギはイケスで泥や糞を吐かせておく。釣った日に食すなら、めんつゆに短時間漬ける。一晩置くなら、だし醤油（代用として酒、醤油、みりん各100mlを煮立たせ、カツオ節2～3gを入れて火を止めて濾す。カツオ節はコクが出るが、まろみが好みなら昆布を入れ、両者半々でもよい）に漬ける。漬け時間は魚の大きさや好みで変わる。焦げづらい加工のフライパンで焼きたい。

北海道ご当地仕様開発者に聞く

『公魚工房』ブランドを展開するVARIVASが、
茨戸川と朱鞠内湖用のご当地仕掛けをリリース。
それらの開発者である平久江洋和さんに、
仕掛け選びの基本についてうかがった。

Photo & Text by Kenji Nishii

仕掛け選びのチェック

2020シーズンは『ワカサギ仕掛け　北海道茨戸　ふわふわ玉　五本鈎』（左）、2021シーズンは『ワカサギ仕掛け　北海道朱鞠内湖　ふわふわ玉　六本鈎』（右）をリリース。今後の展開も要注目だ

釣り座を決める際には、魚探を使い、水深や地形を読み、より魚の反応が多い場所を捜す。この日は20分ほどで絞り込んだが、場合によっては、1時間近く費やすこともある

穴を開けるのはテントを張ってから。そのほうが微妙なレイアウトをしやすい。ただし、氷が厚い釣り場では、この方法が困難なこともあるので注意

VARIVASでは初の北海道ご当地仕掛け『ワカサギ仕掛け　北海道茨戸　ふわふわ玉　五本鈎』での釣り風景。ねらいどおりの快釣が続いた

リスト

札幌市と石狩市の境界に位置する茨戸川。札幌近郊ながら雄大なロケーション

近年、北海道へ精力的に釣行しているVAIVAS『公魚工房』のタックル開発に携わるフィールドテスター・平久江洋和さん。ペースが落ちればさまざまな策を繰り出す。その探求心から、新たなタックルが生み出される

数倍の差が出ることも

釣具店に並ぶ仕掛けは多種多様。どれを選べばよいか、迷ってしまう人が少なくないだろう。とりあえず、ハリサイズとハリ数くらいを意識して選んでいる……という人が多いかもしれない。しかし、VARIVAS『公魚工房』のタックル開発に携わるフィールドテスター・平久江洋和さん（福島県在住）によれば、どの仕掛けを使うかで、釣果に数倍の開きが出ることもあるという。それくらい、仕掛け選びは重要な要素のひとつ。そこで、仕掛けを選ぶ際のキーワードについて、平久江さんにうかがった。

平久江さんは3年ほど前から、精力的に北海道釣行を繰り返している。これまでに出掛けたフィールドは、網走湖、阿寒湖、朱鞠内湖、茨戸川、しのつ湖など10フィールドを数える。北海道内向けのご当地仕掛けの開発に取り組み、2020シーズンに『ワカサギ仕掛け　北海道茨戸　ふわふわ玉　五本鈎』、2021シーズンに向けてこのほど、『ワカサギ仕掛け　北海道朱鞠内湖　ふわふわ玉　六本鈎』をリリースしている。

進化した穂先

仕掛けの選び方の前に、まずはタックルのトータルバランスについて。タックル選びにおいて重要なのは、①サオ（穂先）選びとオモリのバランス、②仕掛け、③エサの順と考えている。アタリを出し、掛けるということにおいては、サオ選びと合わせるオモリのバランスが何より重要。これをクリアしたうえで、次に重要なのが仕掛けといえる。

魚に最も近い接点になる仕掛けは、食い込みのよさや誘いの操作性など、さまざまな要素の違いを生み出すパーツといえる。釣りをしていて「何かが違う」と感じたとき、真っ先にやってみるべきことのひとつが、仕掛けのチェンジだ。テスターを務める平久江さんは、1回の釣行で10種類もの仕掛けを試すこともある。そして、交換により釣れ方が明らかに変わることが多々ある。

ちなみに、①サオ（穂先）選びとオモリのバランスについては、次のように考えている。ワカサギ釣りではかつて、より繊細なアタリを取るため、サオは柔らかく、それに比例し、オモリは軽くという流れがあった。もちろん今も、その考え方はスタイルのひとつといえる。しかし近年、穂先のバリエーションが広がっている。超繊細なティップと強いバットを融合することで、繊細なサオに重めのオモリを乗せることも可能になった。平久江さんが提唱するのはそんなスタイル。

必要以上にオモリを軽くせず、あえて、かつての流れより重めのオモリを選ぶ。そのほうがアタリを出しやすく、手返しのアップやトラブルの軽減という面でも有利。道内で使うオモリは5～6gを標準に、3～10gをすすめている。以下の仕掛け選びについては、そんなバランスをベースにしている。

仕掛けを知ろう

仕掛けを構成するパーツは、ハリ、ハリス、幹イト、スナップまたはスナッ

（写真左から）穴の周囲の雪と氷をなるべく平らに整える。マットなどの傾きが気になると、集中力の持続に影響する／完成した名手の釣り座。雪面はならされすっきり。このこだわりも釣果を左右する重要ポイント／視線は穂先に集中。連休明けで渋いという情報があったが、開始早々からアタリがあり、しばらく途切れなかった

良型も顔を出した。アタリのパターンはさまざま

穴を開けた後、VARIVAS『公魚工房氷穴アダプター』をセットした。穴の周囲にハリが引っ掛かってしまうなどのトラブルを軽減でき、手返しよく釣りができる

プ付きヨリモドシ、チモトの玉など。これらの組み合わせにより、多彩なバリエーションが生み出される。それぞれの仕掛けには、細かなこだわりが込められているが、ここでは、釣具店で迷わないための基礎知識を中心に紹介したい。

☑ハリの種類

まずはハリから。ハリは主に狐と袖の2タイプがある。狐は食い込み、袖はフッキング後のキープ力に優れるとされる。近年は狐系の人気が高く、ワカサギが小型なら狐の1号か、さらに小さめ。中型なら狐の1.5号。大型なら狐または袖の1.5～2号という選び方が標準。

北海道内向けは同社初の『ワカサギ仕掛け　北海道茨戸　ふわふわ玉　五本鈎』。1号と1.5号があり、この日は1.5号を使用した

『ゼロフリクションコート』など、フッ素系の特殊加工により、フッキング時の抵抗を軽減しているタイプがある。その効果は要注目。気をつけて扱わないと、自身の手やウエアにもチクチクと抵抗なく刺さってしまうほど。ただ、たくさんの魚をキャッチしていると、ハリ先があまくなり、フッ素加工の効果も落ちてくる。その意味での仕掛けの交換も意識しておきたい。掛かりが悪くなったと感じたら、交換してみるとよい。

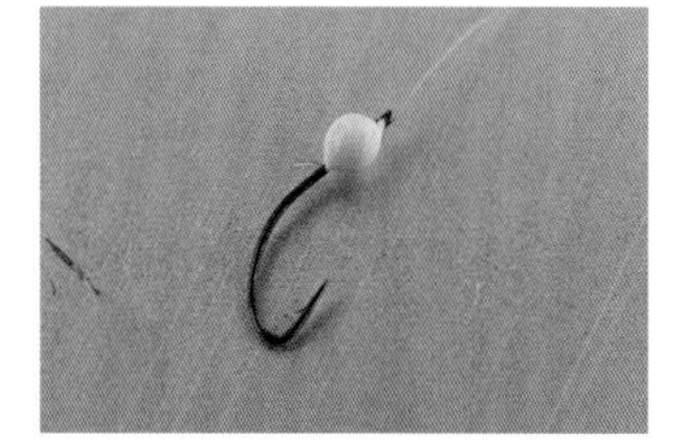

チモトに浮力のある玉が付く。スローフォールによりワカサギを誘う

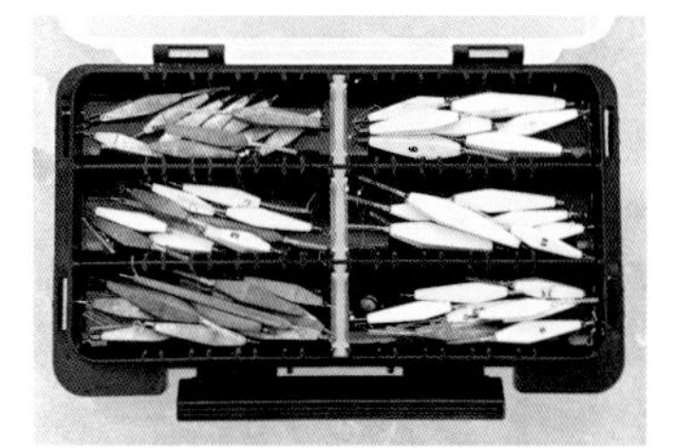

オモリは5～6gが標準。3～10ｇを用意しておけばだいたいカバーできる。水深が3.5mだったこの日は3gを使用した

ハリには、金バリなど色付きのものがある。金バリは照度が高い日中に効果的とされる。

☑ハリの数

ハリ数は6本が標準。浅いポイントや、仕掛けの扱いに不慣れな初心者は、全長が短くなる5本バリが扱いやすい。水深があるポイントで広く探りたいときなどは、7本バリ、ないしはそれ以上。ただし、仕掛けの全長が長いと、トラブルが起きやすく、手返しが悪くなる。このため、80㎝くらいまでにしておくのがおすすめ。

状況により穂先を使い分ける。日々の釣行で新たなモデルのテストも繰り返す。常にペースを落とさないための探求が続く

☑枝スの間隔

同じハリ数でも、仕掛けの全長は違う。これは、枝スの間隔（ピッチ）が異なるため。あえて間隔を変えたモデルがラインナップされている。標準的な長さは13㎝前後。狭いタナに群れが集中しているなら短め、群れがバラけているなら長めを選ぶ。北海道釣行を始めた当初、長めのピッチが向くのではないかと予想していた。しかし意外にも、これまでのところ短めがいいと感じる場面が多かった。トラウトなどの捕

バリバスモニターで札幌市在住の成田亜矢可さん。ふわふわ玉の仕掛けで順調にキャッチ

茨戸川のワカサギのサイズはバラエティーに富む。この日の最大魚は13cmもあった

底でよく反応したウグイ。本命以外の魚種の存在も、仕掛け選びで考慮すべきポイント。細くしすぎるとトラブルに見舞われやすい

撮影しながらの釣りでもご覧の釣果。札幌近郊ながら魅力的なフィールドのひとつ

食者が多いフィールドでは、群れがかたまりやすいのかもしれない。

☑ハリスの長さ

ハリスの長さは3cm前後が標準で、2〜5cmといったところ。長ければエサの動きがナチュラルになる。短ければ誘いに対してキビキビ反応してくれる。どちらがよいかは状況しだい。遊泳力の関係なのか、小型魚には短めが効果的。

長めの場合、アタリの出方が、遅れたり、小さくなったりすることを覚えておきたい。ただ、逆にそれは、連掛けにつなげる戦略のひとつにもなりうる。

☑イトの素材

幹イト&ハリスの素材は、主にナイロンとフロロカーボンが使われている。ナイロンはしなやかでナチュラルな動きを演出しやすい。対してフロロカーボンは、ナイロンに比べて張りがあり、積極的な誘いに向く。しかしその張りは、細くすることで柔軟になる。さらにフロロは長時間釣りをしても劣化しにくく、耐久性が高い。このため近年、フロロの細イトが注目されている。

幹イトは0.2〜0.4号、ハリスは0.1〜0.3号のものが多い。他魚種が多い釣り場や初心者の場合は太め、食い渋り時は細めを選ぶ。

☑チモトの玉

エサの存在をアピールするため、チモトに玉を付けることがある。色は赤や蓄光、ミルキーピンクなど。赤は大型魚に、蓄光やミルキーピンクは小〜中型魚に効果的。浮力によりスローなフォールで誘う『ふわふわ玉』もある。また、食い渋り時など、玉を付けない素バリのほうがよいこともある。できれば両方を用意しておきたい。

ご当地仕掛けについて

平久江さんが開発した『ワカサギ仕掛け　北海道茨戸　ふわふわ玉　五本鈎』は、ハリのチモトに浮力のある玉を付け、沈下速度をスローにし、フワフワと誘う効果をねらったもの。この仕掛けは初めて茨戸川を訪れたとき、地元の釣り人たちのスタイルを見て着想を得た。そのスタイルとは、あまり誘いを入れないこと。

フワフワ玉のアイデアは以前からあった。しかし、積極的な誘いが常態化している本州のフィールドでは、誘いのピッチが遅くなり、扱いづらくなる可能性が考えられた。このため、お蔵入りになっていた経緯がある。そのアイデアの記憶が、茨戸川の釣りを見てよみがえった。

平久江さんがめざしたのは、「オートマチック的に釣れる感覚の仕掛け」。発売後の取材時、仕掛けをタナまで下ろし、ほぼ誘いは入れず放置しておくのみで、テンポよくアタリがあった。アタリがあると、ほぼそのまま掛かってしまう。乗ったと思ったら、電動リールを巻き上げればOK。午前中はほぼそんなパターンが続いた。まさにねらいどおりの釣れ方。

さすがに午後、食い渋る時間帯があった。そのときは軽く誘いを入れた。それでも、連続して誘ったりはせず、仕掛けを軽く浮かせる程度。その後のフォールで、しっかり反応してくれた。

北海道のフィールドもいずれ、多くの釣り人が集中するエリアが現われ、積極的に誘わなければ食ってくれない、本州の激戦区のような場面が増えてくるかもしれない。平久江さんによれば、新篠津村のしのつ湖では、明らかにそんな現象が見られたそう。それだけに、すでに好評を得ている『ワカサギ仕掛け　北海道茨戸　ふわふわ玉　五本鈎』、新たに登場した『ワカサギ仕掛け　北海道朱鞠内湖　ふわふわ玉　六本鈎』も、「どんなときも効く万能仕掛けとは考えず、手段のひとつととらえていただければ」と平久江さん。状況に合わせて仕掛けを選ぶのも、ワカサギ釣りの楽しみのひとつ。

一度は体験したい！
日本最寒の地のアイスフィッシング

幌加内町

朱鞠内湖

Lake shumarinai

Field Data
ダム湖・淡水
面積：24㎢
周囲：40km
最大深度：40m
魚種：ワカサギ、ヤマメ、アメマス、イトウ、フナ、ウグイ、コイ

**ワカサギ釣りが好きな人なら、
ぜひ一度は訪れたいフィールドの筆頭格が、
日本最寒の地とされる幌加内町の朱鞠内湖。
酷寒ならではの貴重な体験ができ、
ビギナーからベテランまで、多彩なサポートが充実。
本場のそばを味わえば充実の1日。**

Photo & Text by Kenji Nishii

土日の受付はこのミニログで。午前6時から

平日の受付は漁協管理棟で。スノーモービルのポイント送迎、レンタル用品の申し込みもここで

混雑とは無縁の開放感。リフレッシュには格好のロケーション。それで釣果も安定しているのだから、人気があるのもうなずける

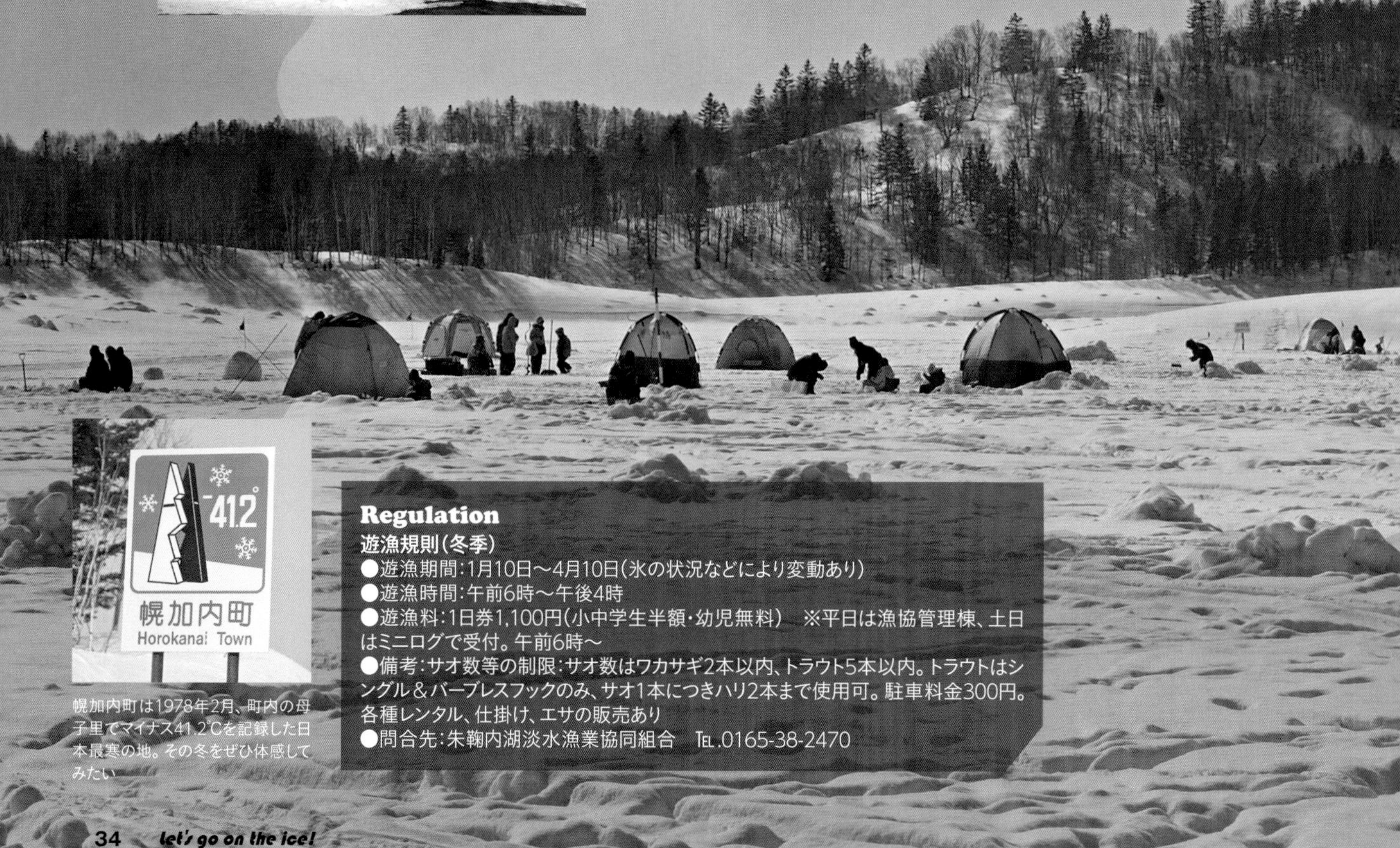

幌加内町は1978年2月、町内の母子里でマイナス41.2℃を記録した日本最寒の地。その冬をぜひ体感してみたい

Regulation

遊漁規則（冬季）
●遊漁期間：1月10日～4月10日（氷の状況などにより変動あり）
●遊漁時間：午前6時～午後4時
●遊漁料：1日券1,100円（小中学生半額・幼児無料）　※平日は漁協管理棟、土日はミニログで受付。午前6時～
●備考：サオ数等の制限：サオ数はワカサギ2本以内、トラウト5本以内。トラウトはシングル＆バーブレスフックのみ、サオ1本につきハリ2本まで使用可。駐車料金300円。各種レンタル、仕掛け、エサの販売あり
●問合先：朱鞠内湖淡水漁業協同組合　TEL.0165-38-2470

酷寒のなかでも、朝日を浴びると暖かさを感じられる。マイナス20℃からマイナス10℃に上がると、暖かいと感じるから不思議

幌加内町、3つの日本一

北海道は、山上の天然湖やダム湖、海跡湖や河川の下流部など、アイスフィッシングフィールドが豊富。ターゲットも多彩で、定番のワカサギだけでなく、汽水域ではチカやキュウリウオ、コマイ、標高が高い湖では、アメマスや湖沼型サクラマスなどもねらえる。

そんなアイスフィッシングパラダイスの北海道も近年、暖冬の影響により、シーズンがやや短くなる傾向がある。開幕と終了のタイミングを事前に確認しておくことが、かつてより重要になってきている。そうした昨今、注目度がアップしているのが道北の朱鞠内湖。1mを超える分厚い氷により、全国屈指のシーズンの長さを誇る。3ヵ月もの長期にわたり、アイスフィッシングを楽しめる。

朱鞠内湖が位置する幌加内町は、3つの日本一をPRしている。1つ目は、1978年2月、町内の母子里で、マイナス41.2℃を記録した日本最寒の地。シーズンの長さは、低温と豪雪があってこそ。アイスフィッシングシーズンには、ダイヤモンドダストやサンピラー（太陽から垂直に光芒が現われる現象。太陽柱）などの自然現象が見られ、酷寒の地ならではの貴重な体験ができる。2つ目はそばの作付面積日本一。町内にはそばを提供する飲食店が多数あり、釣行時のお楽しみとしておすすめ。3つ目は、朱鞠内湖は国内最大の人造湖であること。北欧のような雄大な美景は国内では珍しく、各地を巡ってきたベテランの心をも動かすほど。湖内には幻の魚と称される希少魚であるイトウも泳ぐ。そのイトウを、厳格なルールのもと、アイスフィッシングで釣ることができるのも、この湖の魅力のひとつ。

スノーモービルによる送迎は、子どもたちにとってちょっとしたアクティビティー。記憶に残る体験になるはず

遊漁エリア内に20ヵ所以上、このようなステーションがあり、スノーモービルの送迎ポイントになっている。看板の裏に、帰りの送迎時間が記されている。料金はステーションにより200円～。始発は午前7時（ステーション以外のポイント送迎も可能2,000円～）

3月下旬の釣り風景。かなり水位が下がっていることがお分かりいただけるだろう。ポイントは刻々と移り変わっていく

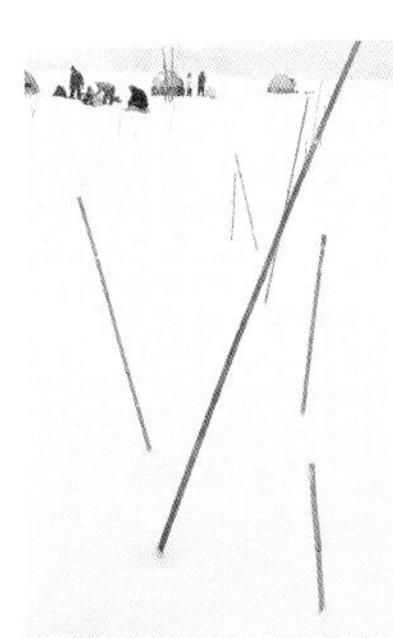

穴が開いているところには、このように竹の棒が差し込まれている。これを利用すると穴開けが楽

ワカサギは食べ頃のサイズがそろうのがうれしい。ベテランも納得の美味

充実のサポート

アイスフィッシングシーズンの朱鞠内湖で特筆すべきは、サポート態勢が充実していること。レンタルタックルなど各種がそろい、防寒対策さえしていけば、手ぶらで出掛けてもOK。

スノーモービルによるポイント送迎サービスが人気。豪雪地帯の雪原を歩くのは大変なため、多くの人が利用している。冬季遊漁エリア内に20ヵ所以上のステーションがあり、希望のステーション、または“おまかせ”で有望なステーションへ案内してもらえる。雪原を疾走するスノーモービルは子どもたちに大人気。なお、ステーション以外のポイントのリクエストも可能。周囲に人の見えないスポットで、ぜいたくな気分の釣りを満喫できる。

宿泊は湖畔の『レークハウスしゅまりない』のほか、キャンプ場内に建つログキャビンが冬季も利用できる。深雪に包まれた夜の静寂は、貴重な体験になるはず。

湖内と流入河川には漁業権が設定され、朱鞠内湖淡水漁業協同組

合が管理している。遊漁規則による冬季の解禁期間は1月10日～4月10日。近年、氷の状態により、解禁日の遅れやエリアの制限、早期終了の可能性があるため、事前に確認して出掛けたい。それでも、ズレがあったとしても数日程度。暖冬でも最有望の釣り場として覚えておくとよいだろう。

ワカサギのサイズは年により多少大小がある。小さめの年はアベレージ6～8㎝。大きめなら7～9㎝。まさに食べ頃のサイズがそろう。食味はベテランにも美味と評され、クセがなくワカサギの風味が際立つ。釣果は80～300尾といったところ。1人1日の制限尾数は1000尾で、これを達成するベテランもいる。仕掛けのハリサイズは、かつては2号が定番だったが、近年は1.5号を使う人が増えている。

水位が下がると、切り株が氷を押し上げる。こんな光景が増えてくると、氷上ワカサギシーズンは終盤

ポイントは日々変化

朱鞠内湖はダム湖で、水位変動がある。基本的なパターンとしては、解禁初期は高く、融雪増水に備える春に向け、徐々に下がっていく。その水位差は5mほどにもなる。このため、釣れるポイントは日々移り変わっていく。かつてよい釣りができたポイントで、次に出掛けたタイミングでも同じように釣れるとは限らない。地元のスタッフでも予測は難しく、「シーズンが始まってみないと、その年のパターンは分からない」そう。過去の実績より、最新の情報が何より重要といえる。

高から低へという水位変動のパターンから、好ポイントは岸側から沖側へ移り変わっていく。解禁当初は、漁協管理棟前の前浜、ひょうたん沢など。その後、カラス島、アイランドなど、終盤には、中之島、弁天島、藤原島などがよいことが多い。

釣れるタナは、氷上の積雪が厚く、光が水中にほとんど届かないためか、氷直下の表層であることが多い。このパターンは手返しがよく好都合。まずは表層付近から探っていくのがおすすめ。

とはいえ、シーズンが進むと、表層が好調なのは朝イチのみで、午前9時以降の日中はベタ底というパターンも多くなる。これを意識すると、表層とベタ底の両方をねらえるポイントを選ぶとよい。あまり浅いポイントだと、朝イチの表層ねらいの後、底や中層でアタリが続かないことがある。このため、水深5～15mを目安にすると効率のよい釣りができる。それ以上深いと、当たりダナを見つけるのに時間を要し、数を伸ばすのが難しくなってしまうことがある。しかしもちろん、深ダナにこだわる釣りも可能。時期によりそれが当たることもある。

ポイントを決めるとき、湖岸の地形に注目し、湖底のようすをイメージしてみるとよい。夏のトラウトの釣りと同様、カケアガリ付近が好ポイントであることが多い。

先行者が使った穴には、踏み抜き防止の目印として、竹の棒が差し込まれている。その穴を使うと穴開けが楽。ピーク時の氷の厚さ

幌加内町はそばの作付面積日本一。町内にはそばを提供する飲食店が多数ある。釣行時、立ち寄ってみてはいかが

トラウトねらいのアイスフィッシング。強めのワカサギ用ロッド＆タイコリールが古くからの定番スタイル。近年は短めのルアーロッド＆スピニングリールを使う人も多い

エサはワカサギ。背掛けにし、泳がせておく

北のハイグレード食品に選定された『サクッと！ワカサギ』は、独自の加工によるサクッとした食感が人気で、おみやげにおすすめ。子どものおやつにも、お酒のあてにも。食べだしたら止まらないという声が多数。レークハウスしゅまりないで購入できる

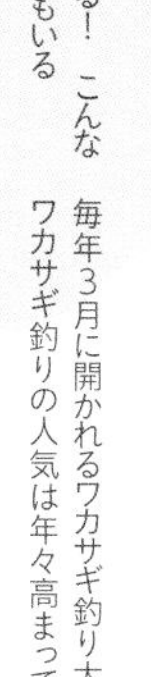

いったい何尾いる！　こんなに釣るベテランもいる

毎年3月に開かれるワカサギ釣り大会の模様。ワカサギ釣りの人気は年々高まっている

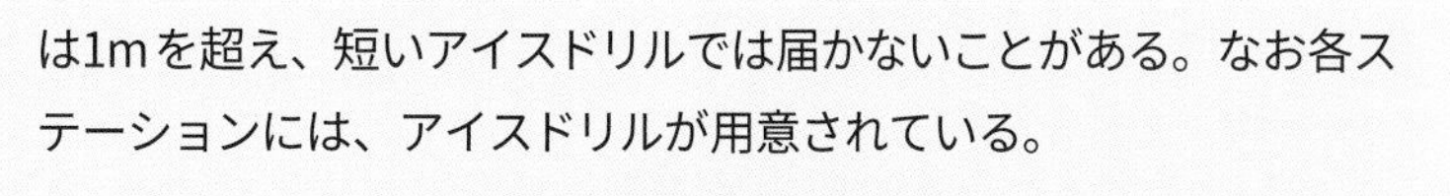

は1mを超え、短いアイスドリルでは届かないことがある。なお各ステーションには、アイスドリルが用意されている。

イトウもねらえる!

近年、トラウトねらいのアイスフィッシングを楽しむ人が増えている。メインターゲットは湖沼型サクラマスとアメマス。そしてさらに、多くの釣り人が憧れる、湖の王者イトウも釣れる。冬季の解禁期間はワカサギと同じで、1月10日～4月10日（サクラマスのみ3月31日まで）。サオは1人5本以内（ワカサギ釣りは2本以内）。シングル＆バーブレスフックのみ、サオ1本につきハリ2本まで使用可。

トラウトねらいの場合、まずはワカサギを数尾釣り、それをエサにするのが基本。生かしたまま背掛けにし、泳がせておく。イトウねらいの常連のなかには、ウグイをエサにする人もいる。アベレージサイズのワカサギより大きい15㎝ほどのウグイなら、アメマスやサクラマスはあまり反応せず、掛かればイトウの可能性が高い。一方で、「グルメなイトウはワカサギのほうが好き」という説もある（!?）。

朱鞠内湖のイトウは、夏季の解禁期間中はキャッチ＆リリースが義務づけられている。しかし、冬季の解禁期間中は1年間に1尾、65㎝未満のイトウに限り、持ち帰ることができる。これは、古くから地元に根づくイトウを食べるという文化を継いでいきたいという、地域の願いが込められている。朱鞠内湖漁協は、積極的な資源管理に取り組むことで、現在のところそれが可能と判断している。冬季限定なのは、この時期が美味とされているため。体長制限が上限の設定なのは、産卵親魚を守るため。同様の理由で、アメマスにも上限の体長制限があり、50㎝以上の採捕が禁止されている。

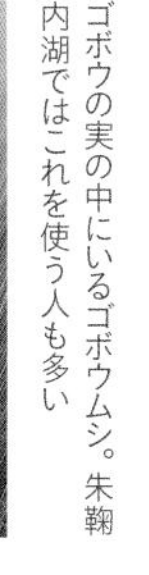

ゴボウの実の中にいるゴボウムシ。朱鞠内湖ではこれを使う人も多い

アイスフィッシングの人気ターゲット、湖沼型サクラマス。冬のサクラマスは脂が乗っているという

アイスフィッシングで釣れたアメマス。キャッチ＆リリースで楽しむ人が多い

レークハウスしゅまりないに飾られているイトウのレプリカ。アイスフィッシングでこんなイトウが釣れることもある

泊まりで満喫しよう

夕食はダッチオーブン料理が名物。ワカサギ釣りで冷えた後、熱々の出来たてを味わえる

レークハウスしゅまりない

雨竜郡幌加内町字朱鞠内／℡.0165-38-2029(10:00～17:00)
湖畔まで歩いて行ける場所に建つ宿泊施設。朝が早い釣り人時間にも対応(朝食は釣りパック)。1泊2食8,650円、素泊まり5,500円。10月1日～5月31日は暖房費300円追加。日帰り入浴650円のほか、入浴と食事(おまかせ丼)で1,550円(要予約)の車中泊パックもある

家族やファミリーで利用すればリーズナブル。泊まりでのんびりしてみてはいかが。夜の静寂は朱鞠内湖ならでは

ログキャビン

幌加内町字朱鞠内
湖畔キャンプ場内にあるログキャビン。キャンプ場はクローズになる冬場も利用可能。キッチン＆調理器具をそなえ(食器類はなし)、ファミリーやグループでの利用がおすすめ。定員は4～6人。3棟あり。1棟1泊7,500～9,500円。マットレスの用意はあり、寝具セットは1組600円。寝袋1泊350円。受付は電話のみ。下記まで
●問合先：朱鞠内湖畔キャンプ場
℡.0165-38-2101(8:00～17:00)

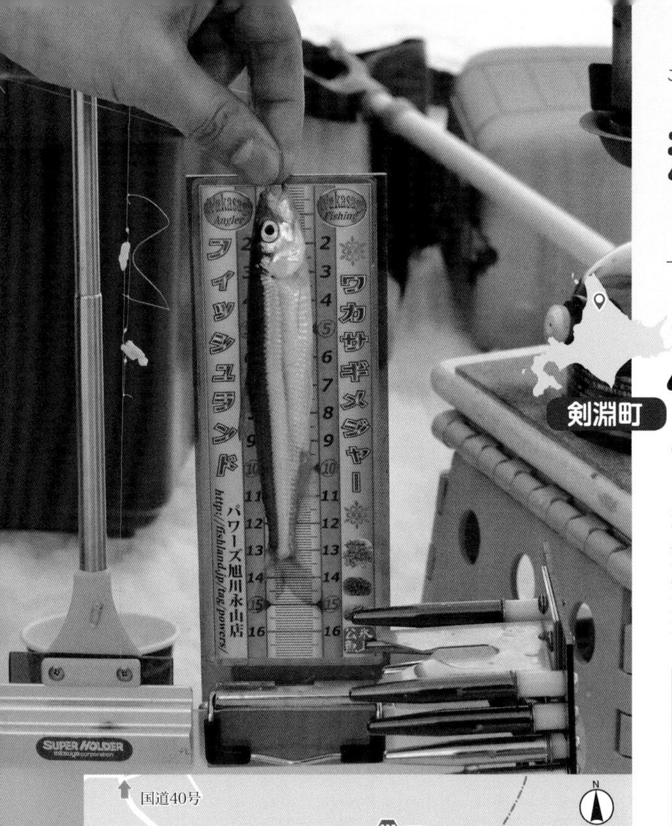

このクラスの大ものを追える釣り場はそう多くない。デカサギフリークは必見

規模は小さくても “デカサギ”がねらえる

剣淵町

桜岡湖

Field Data
貯水池・淡水
最大水深:約6m
魚種:ワカサギ、ウグイ、ヤマメ、ニジマス、フナ

Lake Sakuraoka

和寒町と剣淵町にまたがって広がる桜岡貯水池。釣り人の間では桜岡湖と呼ばれ、釣れるワカサギは型がよいことで人気。道北のファンは良型を求めて通う。

Photo & Text by Ryo Kobayashi

Regulation
- ●期間:1月上旬～3月上旬(氷の状況などにより変動あり)
- ●遊漁料:無料(駐車場/1台1,000円)
- ●備考:2021年シーズンは中止
- ●問合先:剣淵町 TEL.0165-34-2121

群れが集まるスポットを探しあてれば大ものラッシュも。釣り人は伊藤さん

湖の中央辺りが好ポイント。剣淵町と和寒町の町境もこの辺りだ

「桜岡に通って25年くらい」と話すベテラン、高島純一さんが釣った大もの

受付は湖の西側にある『レークサイド桜岡』で。駐車場代(日帰り温泉1人分のチケット付き)を支払う。サオやドリルのレンタルあり

高島さんは穴が真っ直ぐ開けられるように、ドリルに水平器を付けている

水平器をドリルに付けるなら、補助ハンドルのこの辺りが見やすい

ゲストのウグイも総じてポッチャリ体形。エサが豊富なのだろう

南岸寄りがポイント

剣淵町と和寒町にまたがって広がる桜岡湖は、道北の人気ワカサギ釣り場のひとつ。ワッサム川を堰き止めて造った貯水池で、漁業権者は剣淵町になる。「旭川からのアクセスがよく、好調なシーズンは500～600尾の釣果もよく聞きます」とは旭川市の伊藤政光さん。

本流筋が湖の南岸寄りにあり、そのラインが好ポイント。開幕直後は中央の広い駐車場の対岸辺りに入る人が多い。ただし、状況は常に変化する。シーズン終盤は産卵を意識した群れが、インレット近くに集まっている可能性もあり、湖の東側に入るのも面白そうだ。

いずれにしても、剣淵温泉ホテル『レークサイド桜岡』で駐車場代を支払い、受付を済ませてから釣りを開始する。

仕掛けは2号以上も

水深は全体的にそれほど深くなく、湖の東側は2～3m。釣れるのはほぼ底付近。「10尾くらい釣ると10㎝オーバーが1尾混じる感じですが、基本的には5～8㎝を数釣りできる釣り場」と伊藤さん。シーズンにより良型が目立ち、取材時は最大15㎝超えの“デカサギ”を確認している。同湖のワカサギが大型に育つ理由は定かでないが、ウグイも魚体のコンディションがすこぶるよい。エサが豊富なのだろう。

タックルは電動、手巻き、手バネ、各自の好みで選べばOK。エサはサシのほか、伊藤さんは食いが渋いときにブドウムシを小さくカットしてハリに付けていた。仕掛けは状況に合わせて使い分けられるように各サイズ用意したいが、ほかのフィールドではやや大きいと感じる2～2.5号も、ここではジャストマッチな場面があるだろう。

なお、2021年シーズンは新型コロナウイルス感染拡大防止のため、残念ながらワカサギ釣りは中止になった。

簡単・快適・安心
テント選び

「本格的に氷上釣りを始めよう！」
そう思ったなら、まずはテントを購入しよう。
釣具店に行くと、
さまざまな専用テントがあるが、
いったい、どれを選べばいいの？

設置＆撤収がラク！

氷上釣りでは厳しい寒さを凌ぐのに専用のテントが必要だ。道内でも電動タックルが定着してきたが、基本的に寒さに弱いため、暖かいテント内で使うことが前提になる。

テントに求められる要素は人それぞれだが、すぐに釣りが楽しめるよう素早く設置できることが一番。おすすめしたいのは、古くから氷上釣りに力を入れていて、関連アイテムを多数リリースしているプロックスの『クイックドームテントパオグラン』。

たたんだ状態から12ヵ所ある紐（最初に引く天井の紐はカラー、そのほかは黒で色分けされている）を引くと簡単に設置できる。時間にして数分だ。収納は12ヵ所を押し込んで束ねるだけで撤収も早い。

もうひとつ、テント選びで重視したいのは風に強いこと。特に海が近い氷上では、風の影響を強く受ける。その点、強度のあるグラスファイバーフレームをクロスさせた正方形が12面集まり、8角形のドーム型は、どの方向から風が吹いていても安定感のある構造だ。

プロックス『ワカサギテント用アイスアンカー』を使用した状態

また、デッドスペースが少ないのも利点で、中に入ると広々とした空間を確保し、さまざまな動作がしやすい。出入り口が広めに設計されているのもうれしい限り。

サイズはソロからファミリーまで対応する4サイズをラインナップ。ところで、氷上でたたんだテントをバッグに収めるのに苦労している人を見ることがあるが、このテントに付属する収納バッグは間口の広い巾着タイプで出し入れしやすいのもいい。

扉1ヵ所、窓4ヵ所・通気口3ヵ所のすべてに開け閉め可能なメッシュを装備。一酸化炭素中毒を防ぐのはもちろん、害虫の侵入を抑えてくれるのでキャンプやグランピングでも使える。1つあれば冬も夏も、オールシーズン活躍してくれるテントだ。なお、テント設置時に活躍するアイテムをP40で紹介している。そちらも参考に。

中は想像以上に広く、大人数で氷上キャンプのような使い方もできる

ビッグ 260cm
380cm 348cm 348cm

大人数でゆったり寛ぎたいならコレ。グループ釣行に適した『ビッグ/380』

●使用時：W348×D348×H260（cm）
●収納時：W29×D110×H29（cm）
●自　重：16kg

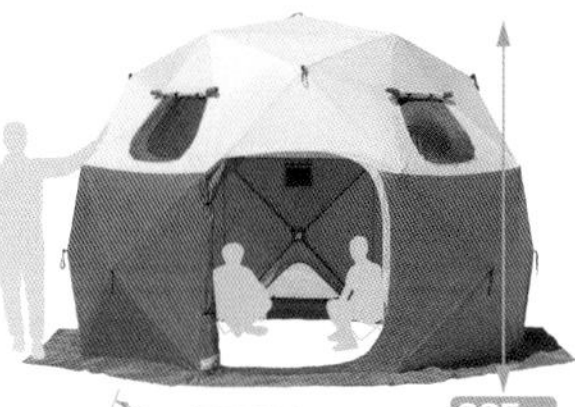

225cm

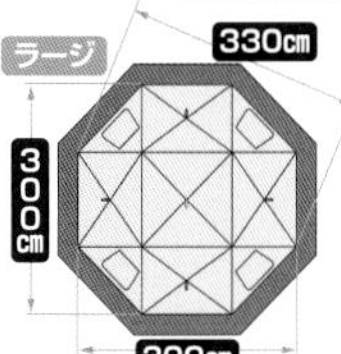

3～4人程度のグループやファミリーでの釣行にマッチした『ラージ/330』

●使用時：W300×D300×H225（cm）
●収納時：W35×D102×H35（cm）
●自　重：12.5kg

200cm

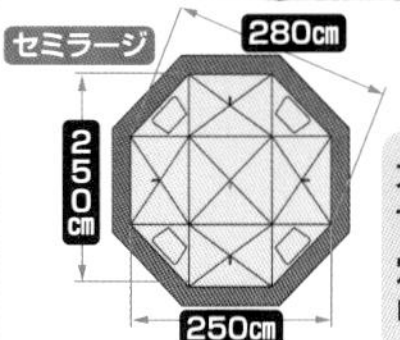

大人も立つことができ、テント内での穴開けもしやすい『セミラージ/280』

●使用時：W250×D250×H200（cm）
●収納時：W32×D95×H32（cm）
●自　重：9.7kg

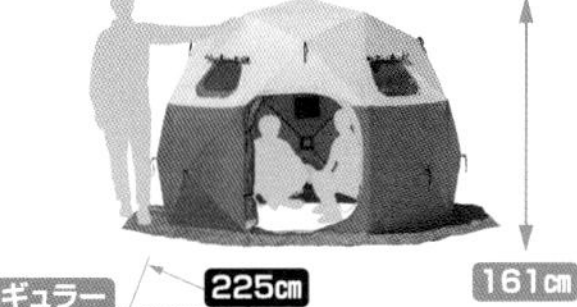

161cm

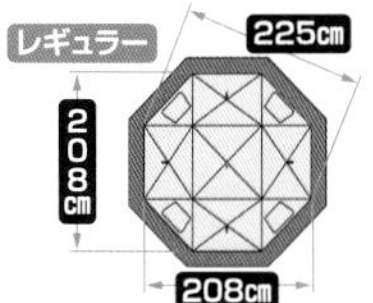

コンパクトで持ち運びしやすく、1～2人の釣行に適した『レギュラー/225』

●使用時：W208×D208×H161（cm）
●収納時：W31×D78×H31（cm）
●自　重：7.8kg

ぜったい必要&あったら便利

お役立ち

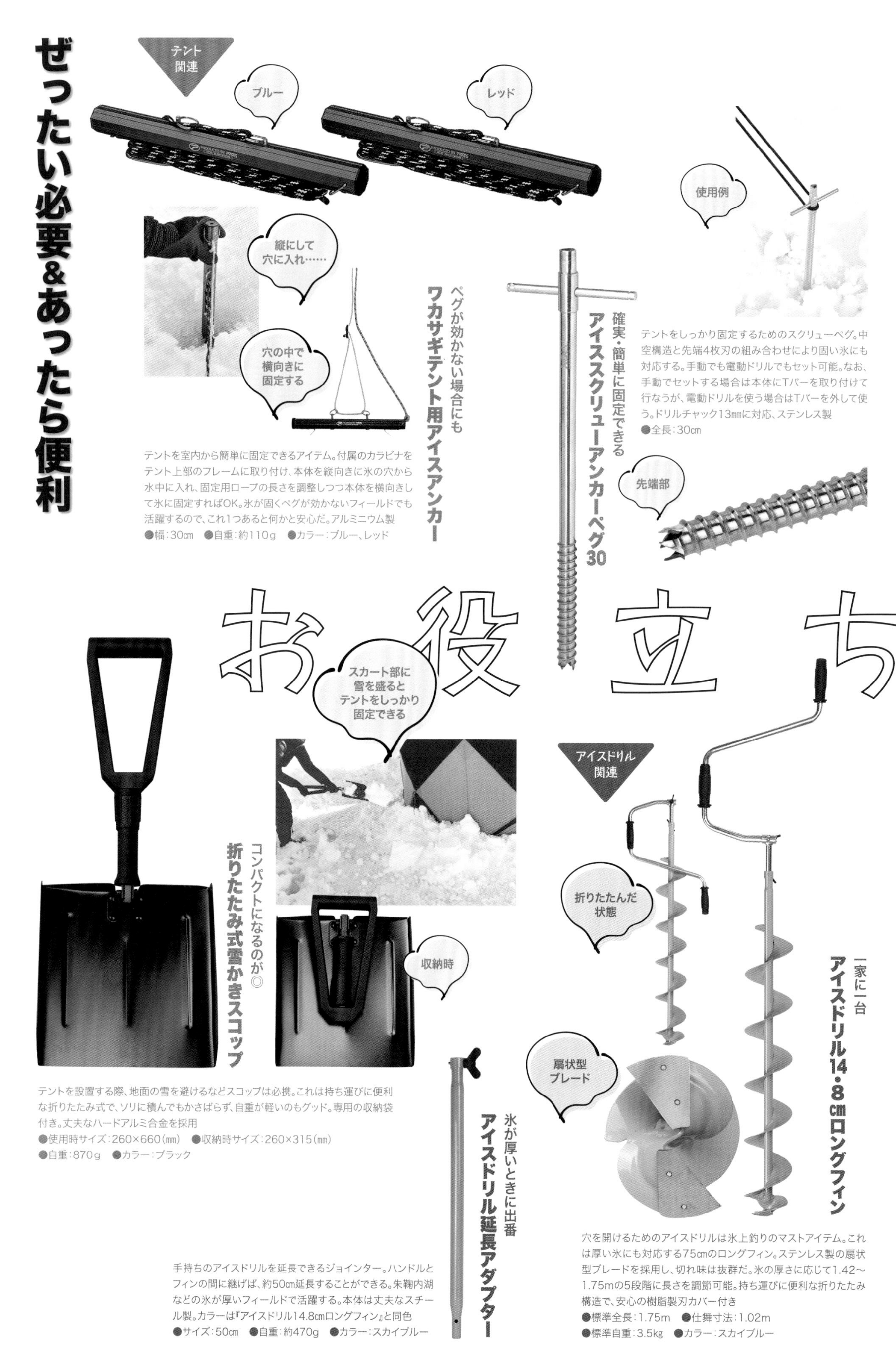

ペグが効かない場合にも ワカサギテント用アイスアンカー

テントを室内から簡単に固定できるアイテム。付属のカラビナをテント上部のフレームに取り付け、本体を縦向きに氷の穴から水中に入れ、固定用ロープの長さを調整しつつ本体を横向きして氷に固定すればOK。氷が固くペグが効かないフィールドでも活躍するので、これ1つあると何かと安心だ。アルミニウム製
●幅：30㎝ ●自重：約110g ●カラー：ブルー、レッド

確実・簡単に固定できる アイススクリューアンカーペグ30

テントをしっかり固定するためのスクリューペグ。中空構造と先端4枚刃の組み合わせにより固い氷にも対応する。手動でも電動ドリルでもセット可能。なお、手動でセットする場合は本体にTバーを取り付けて行なうが、電動ドリルを使う場合はTバーを外して使う。ドリルチャック13㎜に対応、ステンレス製
●全長：30㎝

コンパクトになるのが◎ 折りたたみ式雪かきスコップ

テントを設置する際、地面の雪を避けるなどスコップは必携。これは持ち運びに便利な折りたたみ式で、ソリに積んでもかさばらず、自重が軽いのもグッド。専用の収納袋付き。丈夫なハードアルミ合金を採用
●使用時サイズ：260×660（㎜） ●収納時サイズ：260×315（㎜）
●自重：870g ●カラー：ブラック

一家に一台 アイスドリル14・8㎝ロングフィン

穴を開けるためのアイスドリルは氷上釣りのマストアイテム。これは厚い氷にも対応する75㎝のロングフィン。ステンレス製の扇状型ブレードを採用し、切れ味は抜群だ。氷の厚さに応じて1.42～1.75mの5段階に長さを調節可能。持ち運びに便利な折りたたみ構造で、安心の樹脂製刃カバー付き
●標準全長：1.75m ●仕舞寸法：1.02m
●標準自重：3.5kg ●カラー：スカイブルー

氷が厚いときに出番 アイスドリル延長アダプター

手持ちのアイスドリルを延長できるジョインター。ハンドルとフィンの間に継げば、約50㎝延長することができる。朱鞠内湖などの氷が厚いフィールドで活躍する。本体は丈夫なスチール製。カラーは『アイスドリル14.8㎝ロングフィン』と同色
●サイズ：50㎝ ●自重：約470g ●カラー：スカイブルー

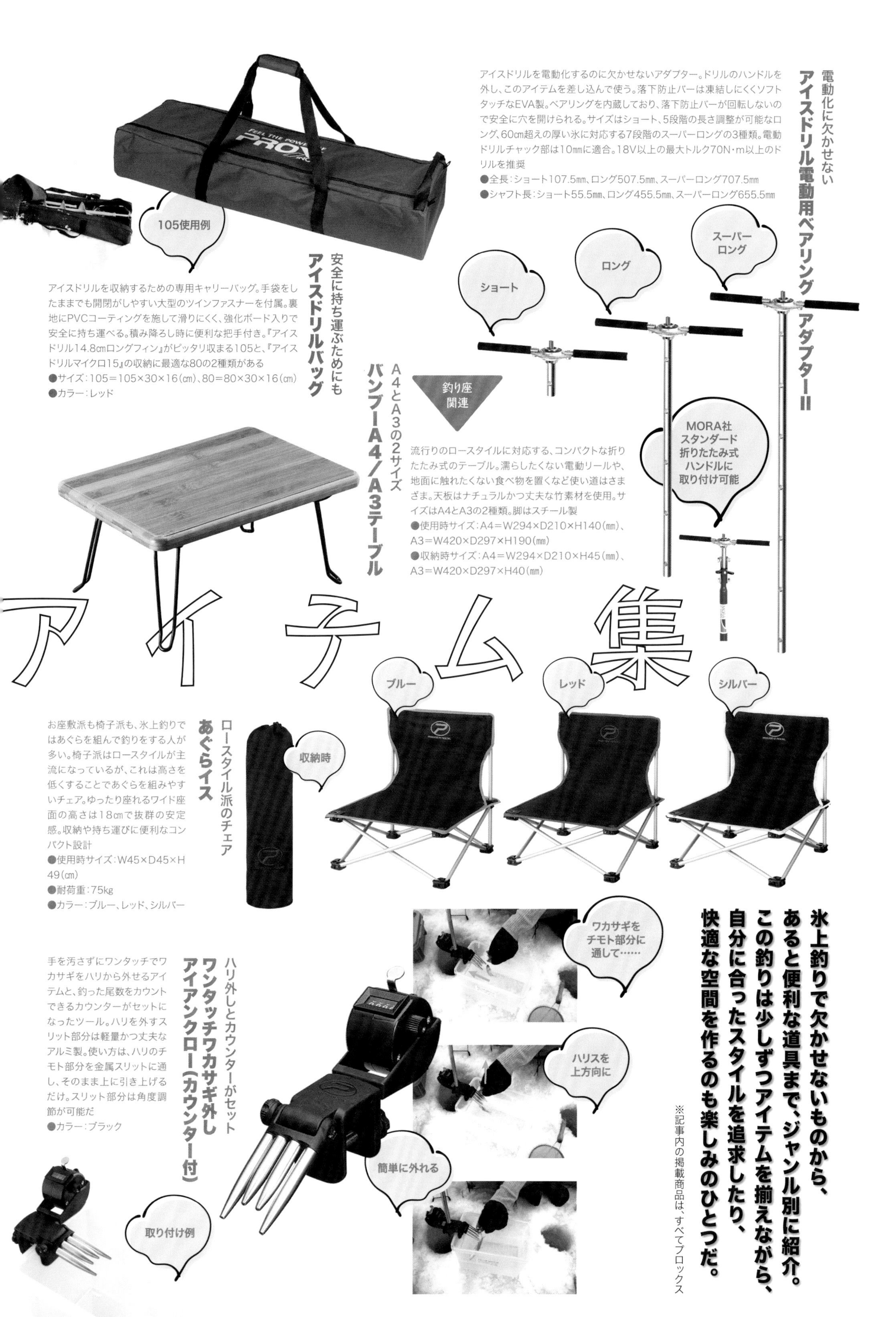

アイテム集

氷上釣りで欠かせないものから、あると便利な道具まで、ジャンル別に紹介。この釣りは少しずつアイテムを揃えながら、自分に合ったスタイルを追求したり、快適な空間を作るのも楽しみのひとつだ。

※記事内の掲載商品は、すべてプロックス

電動化に欠かせない
アイスドリル電動用ベアリングアダプターII

アイスドリルを電動化するのに欠かせないアダプター。ドリルのハンドルを外し、このアイテムを差し込んで使う。落下防止バーは凍結しにくくソフトタッチなEVA製。ベアリングを内蔵しており、落下防止バーが回転しないので安全に穴を開けられる。サイズはショート、5段階の長さ調整が可能なロング、60㎝超えの厚い氷に対応する7段階のスーパーロングの3種類。電動ドリルチャック部は10㎜に適合。18V以上の最大トルク70N・m以上のドリルを推奨

●全長：ショート107.5㎜、ロング507.5㎜、スーパーロング707.5㎜
●シャフト長：ショート55.5㎜、ロング455.5㎜、スーパーロング655.5㎜

安全に持ち運ぶためにも
アイスドリルバッグ

アイスドリルを収納するための専用キャリーバッグ。手袋をしたままでも開閉がしやすい大型のツインファスナーを付属。裏地にPVCコーティングを施して滑りにくく、強化ボード入りで安全に持ち運べる。積み降ろし時に便利な把手付き。『アイスドリル14.8㎝ロングフィン』がピッタリ収まる105と、『アイスドリルマイクロ15』の収納に最適な80の2種類がある

●サイズ：105＝105×30×16(㎝)、80＝80×30×16(㎝)
●カラー：レッド

A4とA3の2サイズ
バンブーA4／A3テーブル

流行りのロースタイルに対応する、コンパクトな折りたたみ式のテーブル。濡らしたくない電動リールや、地面に触れたくない食べ物を置くなど使い道はさまざま。天板はナチュラルかつ丈夫な竹素材を使用。サイズはA4とA3の2種類。脚はスチール製

●使用時サイズ：A4＝W294×D210×H140(㎜)、A3＝W420×D297×H190(㎜)
●収納時サイズ：A4＝W294×D210×H45(㎜)、A3＝W420×D297×H40(㎜)

ロースタイル派のチェア
あぐらイス

お座敷派も椅子派も、氷上釣りではあぐらを組んで釣りをする人が多い。椅子派はロースタイルが主流になっているが、これは高さを低くすることであぐらを組みやすいチェア。ゆったり座れるワイド座面の高さは18㎝で抜群の安定感。収納や持ち運びに便利なコンパクト設計

●使用時サイズ：W45×D45×H49(㎝)
●耐荷重：75kg
●カラー：ブルー、レッド、シルバー

ハリ外しとカウンターがセット
ワンタッチワカサギ外しアイアンクロー(カウンター付)

手を汚さずにワンタッチでワカサギをハリから外せるアイテムと、釣った尾数をカウントできるカウンターがセットになったツール。ハリを外すスリット部分は軽量かつ丈夫なアルミ製。使い方は、ハリのチモト部分を金属スリットに通し、そのまま上に引き上げるだけ。スリット部分は角度調節が可能だ

●カラー：ブラック

エサ付け&ハリ外しを手返しよく!
攻棚ワカサギアンテナマルチアングルST

エサを付ける際に便利な仕掛けハンガーも持っていたいアイテム。これはアンテナの角度調整が可能で、15.5〜83cmまで8段階に伸縮する。ネジでケースに取り付けた後、好きな角度と高さに調節。オモリをフックに掛ければ仕掛けが絡まずにエサ付けができるほか、ミチイトをフックに掛ければスムーズに魚からハリを外せるスグレモノ

●全長:91cm
●収納:21cm
●自重:105g
●カラー:ブラック

氷に引っ掛かったハリを外すときにも便利

別売りの『ワンタッチワカサギ外し』に取り付け可能

道具入れとしても使える
ワカサギ水槽

使用例

釣った魚を鑑賞するため、糞を吐かせて美味しくいただくためのワカサギ専用ケース。フタ付きなので仕掛けやオモリなどの小物入れや、電動リールのタックルボックスとしても活用できる

●サイズ:23.8×15×16.4(cm)
●容量:3.4L
●カラー:クリア

コレでストレス軽減
攻棚ワカサギ氷穴シリコンスリーブ

ソフトな素材を使用

ハリや仕掛けが氷の凹凸に引っ掛かる煩わしさを解消するアイテム。スカート部を広げて氷の穴に入れるだけでOK。ブラックカラーは氷上で目立ち、穂先の視認性アップにも貢献する。寒さに強く、ソフトなシリコーン素材

●カラー:ブラック

お役立ち

美味しくいただくために
氷上ワカサギスカリ

使用例

パープル

グリーン

穴に入れてワカサギに糞を吐かせるビクとして使う。釣った魚をイキイキ保存できる。魚に優しい3mm目のラバーコーティングネットを採用。ネットの深さは35cm、枠はアルミ、ステンレス製

●カラー:グリーン、パープル

オシャレで凍りにくい
攻棚ワカサギ氷すくい

ブルーカモ

レッドカモ

使用例

穴に溜まった氷をすくう、いわゆる氷すくいは氷上釣りの必須アイテム。網部が金属製だと凍り付いて使いにくいが、これは凍結しにくい樹脂製。グリップ部は握りやすくカラフルなEVAを採用

●全長:14.5cm
●カラー:ブルーカモ、レッドカモ

穂先&リール関連

ガイドの向き、角度が自由自在
ワカサギジョイインタースリム

ガイド上向きセッティング

ガイド下向きセッティング

ガイドの向きと角度を変えられる穂先ジョインター。リールと穂先の間にセットするだけ。電動リール用の穂先は通常ガイドを上向きにセットするが、仕掛けの沈下速度を速くしたいときは下向きにセットするのも手だ

●自重:4.7g
●カラー:ブラック

穂先を曲げて収納できる

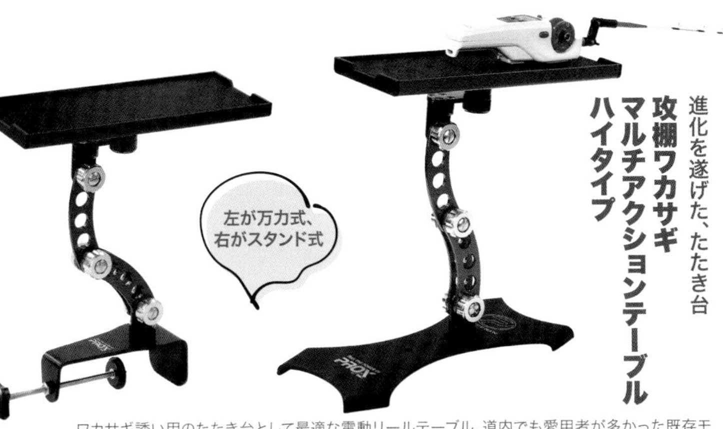

進化を遂げた、たたき台

攻棚ワカサギ マルチアクションテーブル ハイタイプ

ワカサギ誘い用のたたき台として最適な電動リールテーブル。道内でも愛用者が多かった既存モデル『攻棚ワカサギ電動リールテーブル』より、幅広い高さに調節できるのが特徴。釣り座に合わせてマルチに対応する。脱落防止ネジで天板の高さ、角度などの調整は自由自在。天板はフィット感にすぐれたラバーシートを採用。アーム部には脱落防止のロープを取り付けられる。アームはたたんでコンパクトに収納可能。スタンド式と万力式の2種類がある。アルミ・ステンレス・ラバー製

●天板サイズ：25.5×10（cm）　●自重：スタンド式720g、万力式615g

●カラー：ブルー、パープル、レッド

大切な穂先をイン

攻棚ワカサギ穂先ケース

氷上釣りにハマるほど、穂先は増えていく一方。繊細な扁平穂先を保管するには専用のハードケースがベストだ。このアイテムは最長33cmの穂先が6本入るモデル。サルカンやシンカーの収納に便利な小物入れ付き（小物入れを使用する場合、穂先は30cmまで対応）。付属のスリット入りウレタン（両面テープ付き）を好みの位置に取り付ければ、穂先をしっかりと固定できる

●カラー：ブルー、オレンジ

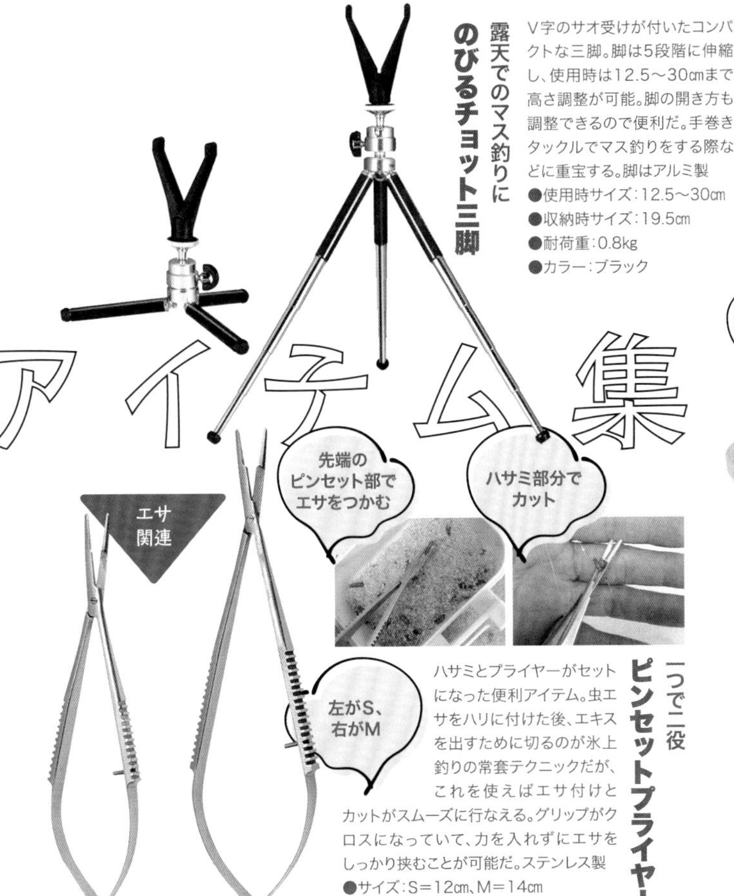

露天でのマス釣りに

のびるチョット三脚

V字のサオ受けが付いたコンパクトな三脚。脚は5段階に伸縮し、使用時は12.5〜30cmまで高さ調整が可能。脚の開き方も調整できるので便利だ。手巻きタックルでマス釣りをする際などに重宝する。脚はアルミ製

●使用時サイズ：12.5〜30cm

●収納時サイズ：19.5cm

●耐荷重：0.8kg

●カラー：ブラック

一つで二役

ピンセットプライヤー

ハサミとプライヤーがセットになった便利アイテム。虫エサをハリに付けた後、エキスを出すために切るのが氷上釣りの常套テクニックだが、これを使えばエサ付けとカットがスムーズに行なえる。グリップがクロスになっていて、力を入れずにエサをしっかり挟むことが可能だ。ステンレス製

●サイズ：S＝12cm、M＝14cm

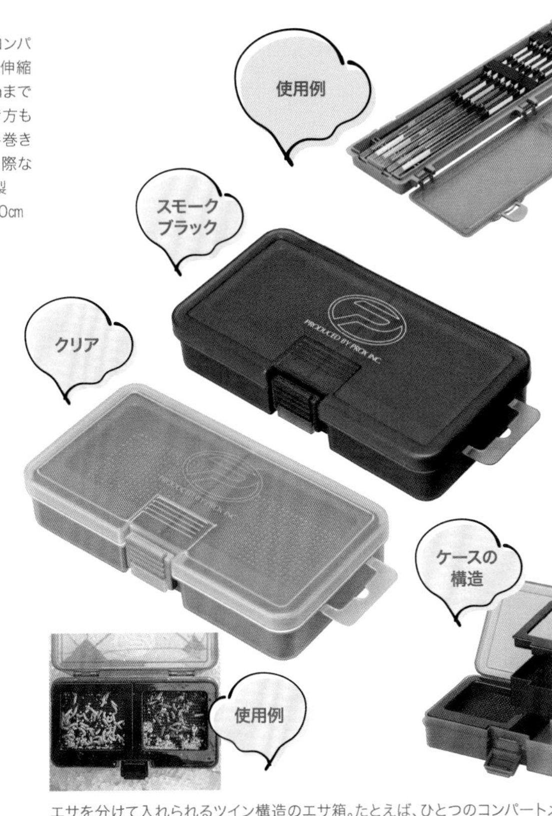

虫エサの脱走を防止

ツインベイトボックス

エサを分けて入れられるツイン構造のエサ箱。たとえば、ひとつのコンパートメントに混ざってほしくない、白サシと紅サシを分けて入れられる。軽く振ればおがくずや余分な水分を落とせるメッシュトレーが付属し、虫エサが脱走するのを防ぐ返し機構が付いている

●サイズ：161×91×31（mm）　●カラー：スモークブラック、クリア

コレも
必要!

16cmまで計測可能

ワカサギスケール

サイズがよければ釣った魚のサイズを記録したいのはワカサギでも同様。これは5.5cmから16cmのデカサギまで計測可能なワカサギ専用スケール。目盛りはデカ文字で、一目でサイズが分かる。0位置と下部に立ち上がりがあり、魚体を当てやすく正確に計測できる。強力なマグネットリリーサーとカラビナが付属

●本体サイズ：W16×D3.1×H1.1（cm）

●カラー：ブラック

使用例

大切な荷物の落下を防ぐ

ソリネット

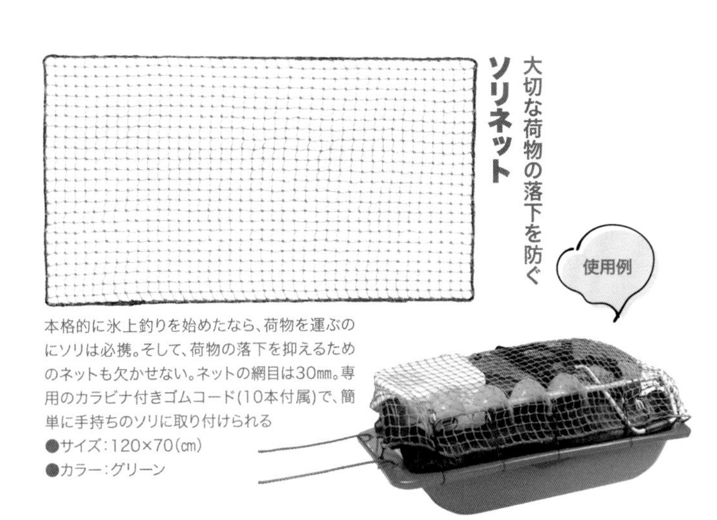

本格的に氷上釣りを始めたなら、荷物を運ぶのにソリは必携。そして、荷物の落下を抑えるためのネットも欠かせない。ネットの網目は30mm。専用のカラビナ付きゴムコード（10本付属）で、簡単に手持ちのソリに取り付けられる

●サイズ：120×70（cm）

●カラー：グリーン

冬でも晴れた日が多い阿寒湖。雄阿寒岳を望むロケーションは素晴らしい。5月1日〜11月30日の期間は、アメマスやニジマスねらいのルアー&フライフィッシングが人気

釣りとアクティビティを満喫 まさに氷上の楽園

釧路市

阿寒湖

Lake Akan

北海道を代表する冬のレジャーで、今は観光客が楽しむ光景も珍しくないが、そのシステムをいち早く提案したのが阿寒湖。ビギナーはもちろん、ベテランも虜にさせる奥の深いフィールドについて、釧路市のショップ『ランカーズクシロ』の佐々木大さんが紹介。

文=佐々木大(釧路市)
Text by Takashi Sasaki

Field Data
カルデラ湖・淡水
面積:約13㎢
周囲:約26㎞
最大深度:約45m
魚種:ワカサギ、アメマス、ニジマス、イトウ、ヒメマス、ヤマメ、ウグイ、ハゼ類

●遊漁期間:1月1日〜3月31日(氷の状況により変動あり)
●遊漁料:日券1,100円、回数券(12回分)11,000円
●遊漁時間:日の出〜日没
●備考:手釣・サオ釣1人2本以内。採捕数制限ワカサギ2kg以内・ハゼ1kg以内(大きさの指定なし)。レンタルタックルあり
●問合先:あいすランド阿寒 TEL.0154-67-2057

常設の小型テントが張られたエリア。週末はなかなか入れないほどの人気ぶり。穴開けが不要なのもうれしい

流氷ツアーに参加した後、阿寒湖のワカサギ釣りをプラスして北海道の冬を満喫していた女性の観光客。初めてのワカサギにニッコリ

親子3世代で仲よく楽しめるのもこの釣りの魅力。釣りものが少なく、ある程度時間に余裕ができる冬は、家族サービスの好シーズン

終盤も見逃せない

◎近年は開幕が遅れ気味

釧路管内でワカサギがねらえる湖のなかで最も規模が大きいのが阿寒湖。約15万年前の噴火によって誕生したカルデラ湖で、釣りをしない方でもマリモや温泉で有名な場所として親しまれている。地元では古くからワカサギの釣果が安定している湖として管内で一番人気といってよいだろう。ここ数年は十勝や網走管内のワカサギフリークの方々も阿寒湖に足しげく通っているようで、土日ともなれば氷上は色鮮やかなテントで埋め尽くされる。

通常の遊漁期間は1月1日～3月31日だが、近年は暖冬の影響か元旦から氷上に乗れることは少なく、1月10日過ぎまで開幕がずれ込む年もあった。事前に確認してから釣り場に向かいたい。

◎シーズンの流れ

解禁から1週間ほどは好釣果に恵まれる日が続き、しだいに渋くなる傾向はあるものの、１月は釣れるイメージが強い。２月に入ると渋い日が増えるが、それでも3桁釣りを楽しめる確率はかなり高い。私は阿寒湖へ頻繁に通うが、3桁以下の釣果は数えるほどしかないほど好釣果に恵まれている。

３月になるとワカサギは産卵の準備のため、沖から新たな群れが入ってくるのか急激に釣果が上向くタイミングがある。その際は表層から中層で釣れることも多く、手返しよく釣れるのでやめられない。また、産卵間際の卵がびっしり腹に入ったワカサギは、ほどよい甘さと卵のプチプチ感が非常に美味。この時期しか味わえない味覚を求め、シーズンオフまでねらう価値は充分あると思う。

◎6㎝以上が多い

川の流れ込みがあるポイントが多いためか、産卵を控えているであろう成魚が釣れる率が高く6㎝以上の魚が中心になる。当歳魚または当歳魚に満たない5㎝クラスばかり釣れるということは少ない。年によっては10㎝以上の魚ばかりということもあり釣りごたえがある。

しかし阿寒湖は採捕制限が2kg以内と決められているので注意。型がよい年はあっという間に定数になる。重さより数を伸ばしたい方にとっては小型のほうが歓迎されるだろう。採捕制限がなければ二刀流で1000尾は難しくない湖といえるかもしれない。

団体客用の大型ビニールハウスが張られたエリア。煙突が付き、薪ストーブが備え付けてあり寒さも気にならない（上）
ハウス内の釣り座。いくつか穴が開いているので、椅子に座り、エサのサシを付けたら即スタートできるのがよい（下）

ポイントガイド

◎南側の2ヵ所が人気

湖の面積は広いとはいえ北側に禁漁区があったり、湖岸近くから道路が遠い場所がほとんどで、実質釣りが楽しめるエリアは国道240号に面している南側になる。そのなかでもA＝ホテル前と、B＝硫黄山川インレットの２つが主なポイントだ。どちらも駐車スペースから近く、仮設トイレが設置され、家族連れや女性でも安心して楽しめる。

シーズン初期は**A**＝ホテル前の人気が高く、水深は浅いところで6m前後、深いところで10m前後。やや開きがあるが、近年は10m前後のポイントにテントがよく見られる。10mより沖合はスノーモビルやバギーなどのアクティビティのコースとなっている場所がほとんど。

B＝硫黄山川インレットは、2月頃から釣果が上向く傾向がある。ホテル前の釣果が低迷してくると徐々に硫黄山川のポイントをめざす釣り人が増えるのが例年の流れ。流れ込み周辺が主なポイントだが、氷が薄く危険なため安全を考慮して大きくフェンスが張られている。そのフェンスギリギリをねらう方が多い。

岸から100mほど沖に歩いたところが水深10mライン。そこから徐々に深くなるものの、沖に200m歩いても水深15mあるかないか。緩やかにしか深くならない。岸から約300m沖の14mラインまで探ったことがあるが、土日など混雑しているときは逆にテント集落から離れて釣ると吉と出る。ポイントに迷ったら岸から100～200m沖の水深9～12mラインが車から近くて無難なポイントだと思う。

◎駐車スペース

ホテル前も硫黄山川も車からポイントまでは数分。ホテル前は時期になると氷上に駐車スペースが設けられる。一方、硫黄山川インレットは岸に駐車スペースが設けられ、氷上に車を乗り入れることはできない。とはいえ、ホテル前と同様、5分も歩かないでポイントに到着する。車からポイントまでの距離はさほど変わらないだろう。

数を伸ばすコツと注意点

◎基本は底釣りだが……

水深10m前後をねらう阿寒湖では底釣りが基本になる。オモリを底から離して誘うミャク釣り、オモリを底に着けて仕掛けを弛ませて誘うフカセ釣り、どちらでも構わない。ただ、朝イチやアタリが頻繁に出るときはミャク釣り、日中の渋い時間帯はフカセ釣りに移行する方が多いようだ。

私の場合、魚が中層、表層を回遊していないとき以外、活性の高低にかかわらずフカセ釣りでねらうことがほとんど。ちなみに阿寒湖は中層、表層で釣れるタイミングが頻繁にある。しかし表層や中層で釣れる時間はそう長くなく、短いときだと1分に満たない。効率よく群れの位置を探るには魚群探知機を導入したい。やはり魚探があるのとないのとでは釣果に明らかな差が出る。

◎エサ＆仕掛け

エサは白サシ派と赤サシ派、半々程度に分かれる。日によってどちらかがよいこともあり、両方用意して損はないだろう。ちなみに私は白サシ派。

仕掛けは5～7本バリ、全長80㎝以内の2.5号以下が主流。一昔前までは2.5～3号を使う方が多かったが、今は少ないかもしれない。

氷の下は、こんな感じ。釣れるワカサギのサイズは6㎝以上が多く、多点掛けすれば引き味はなかなか　Photo by Takashi Sasaki

阿寒湖や塘路湖など、道東の氷上釣りに明るい佐々木さん。トラウトルアー＆フライフライフィッシングのエキスパートでもある

1時間くらいで、これくらいの釣果は珍しくない。ビギナーからベテラン、単独から大人数まで、誰でもワカサギ釣りを満喫できる

私は主に1〜2号を使っている。阿寒湖は魚影が多くハリの数だけいっぺんに釣れる多点掛けもよくあり、テント内で邪魔にならない程度の全長でハリがたくさん付いている仕掛けが好ましい。

なお、最近の仕掛けは細イトが多く、終始釣れ続いていると仕掛けがチリチリになり１日持たないこともある。アタリはあるのに掛かりが悪くなったら躊躇なく新しい仕掛けに交換したい。

◎撒き餌は禁止

意外と知らない方が多いが、阿寒湖は撒き餌が禁止されている。釣具店にはいろいろな種類の撒き餌が売られているが、禁止の釣り場はけっこうある。撒き餌を食べて胃に残った状態のワカサギはとにかく美味しくない。美味しくいただくためにも使わないようにしたい。

ワカサギ釣りが許されている時間は、日の出から日没まで。阿寒湖では5月１日以降、ルアー＆フライでトラウトをねらう場合、日の出１時間前〜日没１時間前後まで釣りが可能ゆえ、勘違いしている方が少なくない。今一度確認したい。

ところで、阿寒湖に限らず遊漁料が発生する湖で釣れないと、関係者の方々に「金返せ」、「払わない」など、心ない発言をする人を見ることがある。自然相手の釣り。釣れないことを人やポイントのせいにせず、自分のウデを磨きたい。釣る人はちゃんと釣っている。

大勢でも楽しめる

阿寒湖は貸しテントや大型ビニールハウス型の釣り座があり、道具を持っていない方でもレンタルタックルで気軽に挑戦できる。また、スケートやスノーモビル、バナナボートなど氷上でのアクティビティも充実。家族や職場の仲間と大勢で楽しめるのも人気たるゆえんだろう。釣りの後は阿寒湖温泉に浸かって冷えた身体を温められる。ガッツリ派もそうでない方も、休日を満喫できるのが阿寒湖の魅力だ。

バスツアーで参加する観光客。徒歩圏内に温泉宿がたくさんあり、家族や仲間で宿泊を兼ねて楽しめる

分厚い氷の湖上に出現する冬限定のレジャーランド、あいすランド阿寒。左はきっぷ売り場、右は釣り具一式などが置かれている。営業時間は午前8時から日没まで

ワカサギ釣りセットは、釣り具一式（テント、椅子、サオ1本、リール、仕掛け、エサ）、遊漁料、釣れたら天ぷらにしてくれる揚げ券付きで1,650円。初めての人はスタッフが丁寧に教えてくれる

あいすランドで揚げてもらったワカサギ。持ち帰りも可能で、キッチンペーパーの上に載せて少しレンチンすれば、サクッとした食感が戻る

アクティビティが充実

可愛い幼稚園の子どもたちが乗っているのは、スリルと興奮を味わえるバナナボート。大人550円

アイススケート（1時間以内1,100円、持ち込み220円）、歩くスキー（2時間以内1,100円）、スノーモビルなど、寒さを忘れられるアトラクションがいっぱい。写真の4輪バギーは、コース1週（大人330円）

東北海道を代表する冬フェス

2020年は中止になったが、毎年2月1日から開催される、阿寒湖氷上フェスティバルICE・愛す・阿寒『冬華美（ふゆはなび）』

出店が並ぶほか、カーリング体験などのさまざまな催しが開かれ、約330発の打ち上げ花火も観賞できる。冬の夜でも熱いイベント

当歳魚や小型中心のイメージを持っている方が多いかもしれないが、2020年シーズンの塘路湖はけっこう型がよく、7〜10㎝の魚体も見られた

釧路市内から約40分 アタリダナは底中心

標茶町

塘路湖

Lake Toro

Field Data
海跡湖・淡水
面積：6.2㎢
周囲：18㎞
最大深度：7m
魚種：ワカサギ、アメマス、フナ、ウグイ、ハゼ類

アイスフィッシングの本場といえる道東は魅力的な釣り場が目白押しだが、釧路管内は塘路湖のファンも多い。ここでは、よく釣ることで知られる女性アングラーのスタイルを拝見。

写真・文＝佐々木大（釧路市）
Photo & Text by Takashi Sasaki

●遊漁期間：1月1日〜3月20日（氷の状況により変動あり）
●遊漁料：1日1,000円（小人500円）
●遊漁時間：日の出から日の入りまで
●備考：、シラルトロ沼、エオルト沼、ポント沼、マクントウ沼、サルルト沼及び流入河川など共通。アレキナイ川でのワカサギ、アメマス、コイ、フナ釣りは禁止。夜間の釣り、撒き餌禁止。レンタルタックルあり
●問合先：元村ハウスぱるレイクサイドとうろ　TEL.01548-7-2172
　塘路漁業協同組合　TEL.01548-7-2101

道東太平洋側の標高8mにある塘路湖。冬でも快晴の日が多く、天候に左右されにくい。雲ひとつない景色の下、ワカサギ釣りが楽しめる

600尾超え!

道東のワカサギフィールドといえば阿寒湖や糠平湖、網走湖が有名だが、魅力的なフィールドはまだある。釧路市から車で40分ほどで行ける塘路湖もそのひとつ。釧路川水系の同湖は釧路湿原国立公園内にあり、自然豊かな海跡湖として知られる。新釧路川などを通じて今も昔も海とつながっていて、太平洋から遡上したワカサギが多く生息している。また、一般的なワカサギとは別種のイシカリワカサギの生息地でもある。

ポイントは湖の西側。ただ、R391近くの東岸は薄氷で氷上に乗れない。レイクサイドとうろ周辺に入るのが無難。最深部でも7m程度と平均水深は浅く、解禁エリアは3m前後であることが多い。

以前から塘路湖に通う知人に「凄く釣る女性がいる」と聞いていた。その方は、加納萌子さん。初めて塘路湖でワカサギ釣りをしたのは小学生のときで塘路湖歴は長い。2020年シーズンは最高600尾超えの釣果を叩き出している。二刀流でやっていたら1000尾いっていた!? 普段の釣果を聞くと、シーズンを通じて、その日の平均以上は釣っていることが多いようだ。一方の私はというと30尾という日も……。釣り開始前、たくさん穴を開けて魚探で反応を見た後、テントの設営場所を決めていたのが印象的。こうした行動が安定した釣果につながっているのだろう。

二刀流で各穂先を凝視する加納さん。微かなアタリを見逃さず、どんどん掛けていくようすは圧巻の一語

エサとオモリに注目

◎ブドウムシ効果？

2月、日の出と同時に釣りをスタート。朝は食いがたっているはずだが、前情報どおり状況は芳しくない。私もカメラを構えながら釣りを開始するが、アタリはほとんどない。

加納さんと見るとブドウムシを使用している。サシよりも濃厚で大量のエキスが出るブドウムシは集魚効果が高く、その有無で大きく差が出る場合もあるという。私も以前、ブドウムシを使っていた時期があった。しかし、付けることで仕掛けの落ちるスピードが遅くなったり、深いポイントで上げ下げしているうちに水中でブドウムシが回転して仕掛けがチリチリになるのが早くなるのがネックだった。が、そうしたデメリットをふまえても効果を実感している方は多い。仕掛けの上げ下げ時に回転しづらい浅い湖ならトラブルも少ない。

日が高くなると、徐々にアタリが増えてきた。ブドウムシ効果かどうかは定かでないが、私の単発なアタリに対し、加納さんは頻繁にアタリが出ている。そして確実に掛けていき、みるみるうちに差が開く。

◎4g以上はほぼ使わない

加納さんの釣りスタイルで目を引いたのはオモリが軽いこと。私は水深が浅くても落とすスピードを速くするためと、ワカサギが暴れて巻き上げ時に氷の縁にハリ掛かりするトラブルを軽減すべく5g以上を使っている。

一方、加納さんは2〜3gで、タングステンタイプがメイン。水深により重さを変えるが、塘路湖で4g以上を使うことはほぼないそう。さらに私は底釣りに徹する際、オモリを底に着けてラインをかなり弛ませる反面、加納さんはあまりラインを弛ませない。

この日は二刀流でやっていたが、トラブルもなく釣り慣れたようす。左右の穴の間にイケスを置き、ワカサギ外しを素早く使って数を伸ばしていく。朝の食い渋りが嘘のように、あっという間に3桁釣りを達成した。

日中は底に集中

どの釣り場も朝夕はワカサギが浮きやすく、日中は底周辺を回游していることが多い。平均水深3mと浅い塘路湖の場合、常に底周辺の釣りになるといっても過言ではない。もちろん日によって中層や表層まで浮き、ワカサギの群れを見ながら釣れることもある。だが、そんな場面は多くない。

加納さんはその辺りの事情を考慮して仕掛けにもこだわっている。最近、使用頻度が高いのはハヤブサ『瞬貫わかさぎ 秋田キツネ型6本鈎』0.8号。全長60㎝で、テント内でも手返しよく使えるという。枝ス6㎝の長い下バリ付きで、ベタ底を回遊するワカサギを効率よく掛けることができる。また、各メーカーからフッ素コート仕様のハリが出ているが、フッキングのよさから好んで使っている。

この日も底での反応がほとんど。下から3番目以上のハリに掛かることは皆無だった。仕掛けの間隔から考えると、ワカサギは底から30㎝以内を回遊していたことになる。

タックルについて

◎電動リール

大手釣り具メーカーがワカサギ用の電動リールをリリースするようになってから、さまざまな機能が搭載されたモデルが毎年出ている。加納さんが現在使っているのは、シマノ『レイクマスター』シ

加納さんのタックル

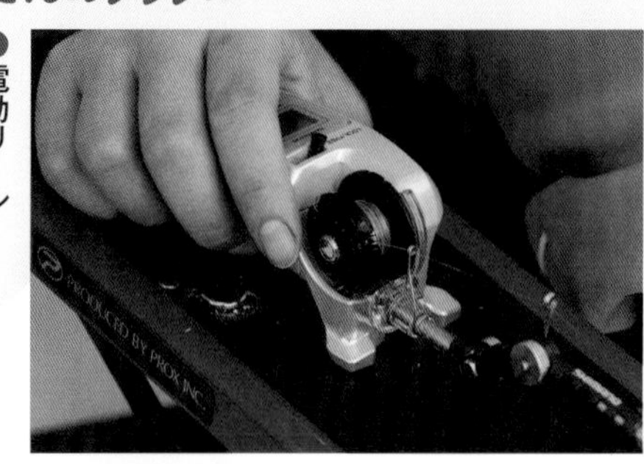

●電動リール
シマノ『レイクマスター』を愛用。「軽くて持ちやすく、スタイリッシュな見た目も好き」

●ミチイト
PEラインを巻いている。取材時はダイワ『クリスティア ワカサギPEⅢ』0.3号が活躍した

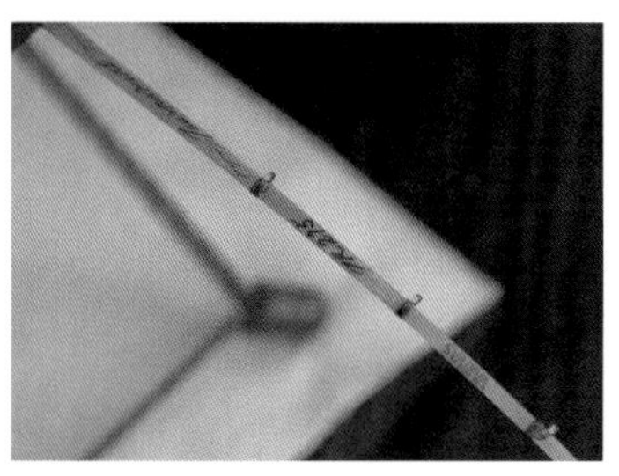

●穂先
メインで使っていたのは、VARIVAS『公魚工房 ワカサギ穂先[ワークスリミテッド]』TR-275。3:7の先調子だが、負荷が掛かるとがっつり曲がり、小さなアタリも明確に出てオートマチックに掛かる。同社の穂先は繊細なものが多い

●エサ
ブドウムシは渋いときに試す価値あり(上)。いろいろな方に聞いても集魚効果はサシを切って使うより、はるかにブドウムシのほうが高いらしい。サシは紅サシがメイン(下)。ラビットタイプも試したが、体液の「ジュワッと感」は普通のサシがよく、1匹をカットして使っている

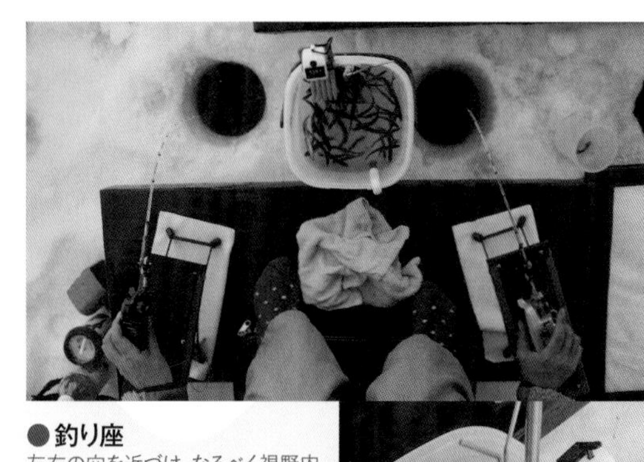

●釣り座
左右の穴を近づけ、なるべく視野内に穂先をまとめている。若干窮屈そうだが、段差のあるクッションに座り、身体が辛くならないように工夫していた(上)。釣り座中央に置かれたイケスにはワカサギ外し、仕掛け、カウンター、トングをコンパクトに設置(下)

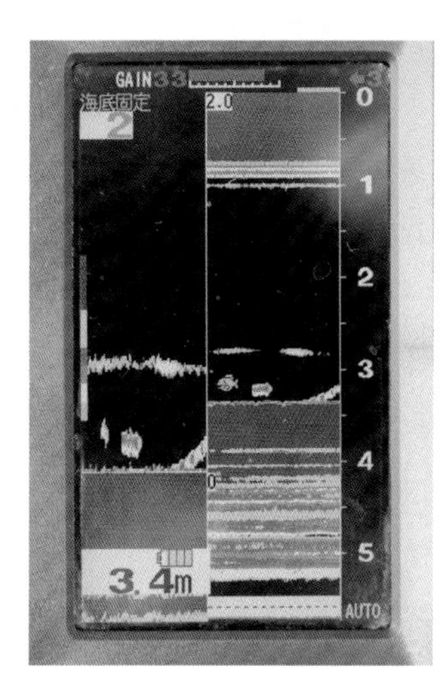

探ったポイントの水深は、3.4～3.5m。終日、反応は底周辺ばかり。3mより上に群れが浮くことはなかった

リーズ。以前は同社の『ワカサギマチックDDM』も使っていたが、現行のレイクマスターは巻き上げの速さはもちろん、軽さや持ちやすさの点で気に入っている。

◎穂先

ケースにはズラリと穂先が並んでいるが、撮影時にメインで使っていたのはVARIVAS『公魚工房 ワカサギ穂先ワークスリミテッド』TR-275。アタリの出方が明確で乗りがよく、破損しづらいグラスのしなやかさがよいという。

年々、価格が高くなっているワカサギ穂先だが、特に二刀流でやる方なら同じ穂先が2本欲しい。

◎ライン

最近はPEラインで挑んでいる。2020年シーズンはダイワ『クリスティアワカサギPE III』0.3号を愛用。阿寒湖や水深のある釣り場に行くこともあり、メーターマーキングがあると便利。カウンターの誤差が生じた際も目視で分かり、仕掛けの巻き込み防止を防げるのがメリット。

夢の10柄をめざして

塘路湖では観光客の姿も目にする。毎年1月末頃からSL冬の湿原号が運航すると、塘路駅からワカサギ釣りに来る方も少なくない。要予約だが、貸し出しプランもあり、手ぶらでワカサギ釣りが楽しめる。また、釣ったワカサギを唐揚げにしてくれるサービスもある。スタッフの方々が優しく教えてくれるので、初めての方や子ども連れでも安心だ。

毎年2月にはワカサギ釣り大会が開催される（2020年は第4回目）。テント内ではなく青空の下、大人も子どもも満喫できる短時間勝負の大会だ。ガイドが凍るため電動タックルは使いものにならないが、初心にかえって手巻きで挑むのも新鮮で面白い。

塘路湖の遊漁期間は例年1月5日～3月10日。とはいえ、近年は暖冬により期間が前後する。近くの釣具店やTwitterアカウント塘路湖ワカサギ釣り情報（@toroko_106）などで解禁日や釣果情報を確認したい。なお、塘路湖は尾数制限がなく、10束（1000尾）をねらえる湖としても魅力的。2020年は10束超えした強者が知り合いに数名いらっしゃる。ちなみに私も十数年前に一度だけ経験している。10束を求めて塘路湖に足を運んでみてはいかが？

塘路湖インフォメーション

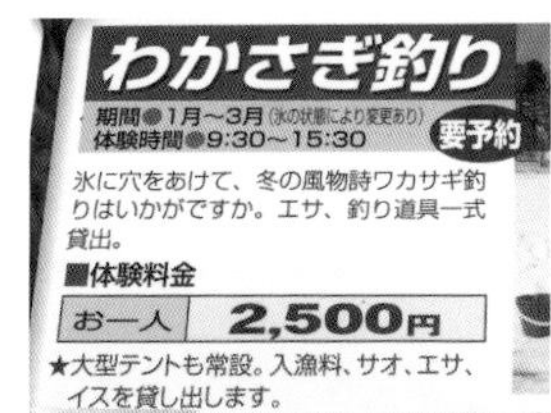

わかさぎ釣り
期間●1月～3月（氷の状態により変更あり）
体験時間●9:30～15:30
要予約
氷に穴をあけて、冬の風物詩ワカサギ釣りはいかがですか。エサ、釣り道具一式貸出。
■体験料金
お一人 2,500円
★大型テントも常設。入漁料、サオ、エサ、イスを貸し出します。

手ぶらでもOK。釣ったワカサギを唐揚げにしてくれるサービスもある（要予約。子どもは税込み2,000円）

貸し出しプランでは、スタッフが懇切丁寧に教えてくれる。アットホームな感じで気軽に利用できる

唐揚げは自宅で作るのとはひと味違い、サックサクで非常に美味。ぜひ一度味わっていただきたい

ワカサギ釣り大会の模様。和気あいあいとした雰囲気のなか、氷上で熱いバトルが繰り広げられた

大会の景品が豪華！　私も参加してみたが、気になる結果は……ご想像にお任せします（笑）

貸し出しプランなどの問い合わせは『元村ハウスぱるレイクサイドとうろ』まで。遊漁券も取り扱う

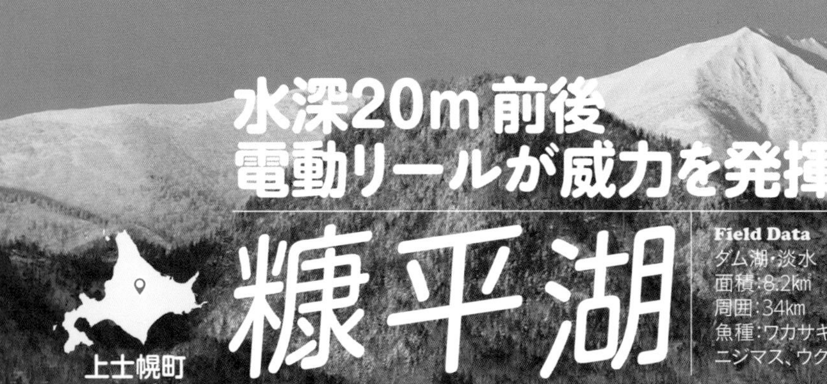

水深20m前後 電動リールが威力を発揮

上士幌町

糠平湖

Lake Nukabira

Field Data
ダム湖・淡水
面積:8.2㎢
周囲:34㎞
魚種:ワカサギ、ヤマメ、アメマス、ニジマス、ウグイ、ブラウントラウト

文=河田充(上士幌町)
Text by Mitsuru Kawada
Photo by Hiroki Hirasawa

トラウトレイクとしても名高い糠平湖は十勝を代表する氷上フィールド。ダム湖で水深が深く、ポイント選びが重要だが、その辺りについて、釣りツアーを実施している『NPOひがし大雪自然ガイドセンター』代表の河田充さんが解説。

2月1日、五の沢の釣り風景。テント村まで来るのに20分ほど掛かったが、たどり着くとそこには絶景が広がっていた。標高は550m

Regulation
●遊漁期間:1月上旬〜3月上旬(氷の状況などにより変更あり)
●遊漁料:1日600円、1年間5,000円
●備考:遊漁券は現地徴収員または『大和みやげ店』(ぬかびら)で購入可能
●問合先:NPOひがし大雪自然ガイドセンター　℡.01564-4-2261
上士幌町観光協会　℡.01564-7-7272

ロケーションは道内随一

シーズンを通じてほぼ「十勝晴れ」と言われる透き通った青空と真っ白な大雪山、常緑の森の風景、遠くに見えるタウシュベツ橋、頻繁に見られるオジロワシ……。ワカサギ釣り場では道内一のロケーションと自負している。2020年シーズンは千尾超えが数人とか、初心者の百尾オーバーは普通とか、好調なシーズンであった。

糠平湖は昭和30年（1955年）、糠平ダムによって音更川をせき止め、森を沈めた人造湖である。かつては森の腐葉土などの有機物に富む栄養湖だったが、経年で有機物は減少し現在は貧栄養湖となった。水が綺麗な証拠だが、ワカサギなどのプランクトン食の魚種には厳しい環境である。また水力発電のダム湖のため、シーズン中は日に20㎝の水位低下が続く。糠平湖のワカサギ釣りはポイント選びが重要である。

キリリと冷える早朝、静かな原生林の中を歩いて行く。寒さは厳しくても気持ちがよい

主要釣り場の概要

三の沢、五の沢が代表的なポイントで、それぞれ広い駐車場がある。そのほかのポイントを含め、次から紹介していく。

❶三の沢

駐車場北側（向かって左）に入口がある。森を100m歩くと湖岸に出る。降り口は急斜面で、ソリの上げ下ろしに難儀する。そのため釣り人は少なく、静かに釣りが楽しめるため固定ファンが多い。湖底の地形は複雑で、北側は緩斜面、南側はカケアガリで、ポイン

対岸側が好調との情報だったが、当日は新雪が積もって歩きにくく、テント村から少し離れた湖中央部にテントを張った

取材時は人気、実績とも一番の五の沢へ。入口は「交通安全」の黄色いのぼりが目印

駐車の方法は看板の指示に従いたい。この日は土曜日。午前6時でほぼ満車状態

昨シーズンは水位が低く、糠平名物のコンクリート製のタウシュベツ橋（通称・めがね橋）は、めがねの部分が見えるほど露出していた

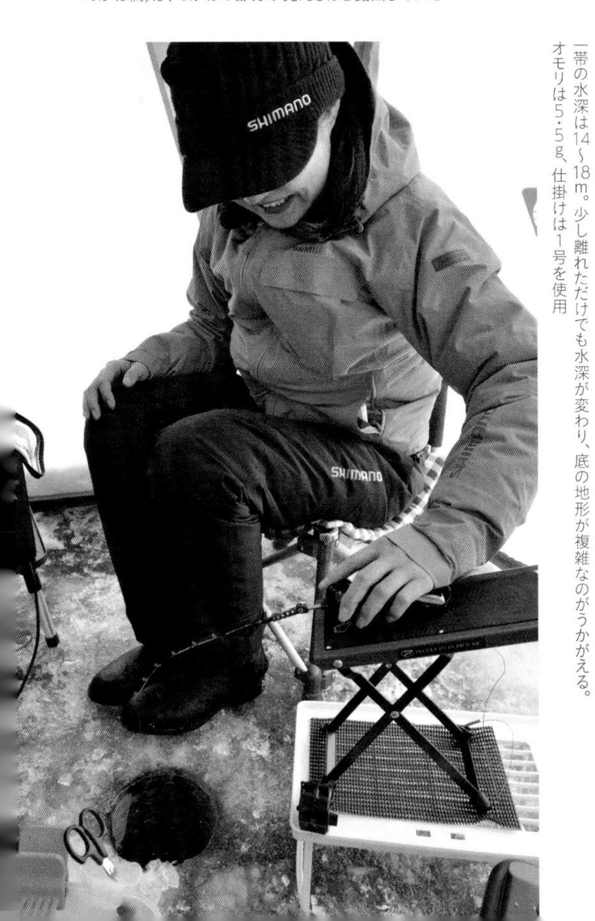

一帯の水深は14～18m。少し離れただけでも水深が変わり、底の地形が複雑なのがうかがえる。オモリは5・5g、仕掛けは1号を使用

トの見極めが難しい。シーズン初期は水深15～20mの深場がよい。水位低下に伴いポイントは南東にずれてくる。

❷五の沢

駐車場東側中央に入口があり、「交通安全」の黄色いのぼりが目印。湖岸までは400mと遠いが、緩斜面でソリでも問題なく湖面に降りられる。しかしポイントはさらに沖合500m。五の沢と呼ぶよりは「五の沢沖」と呼んだほうがよさそうだ。

ここ数年、五の沢湾内は不漁で、沖合の深場が好ポイントになっている。「広大な糠平湖の中で、なぜここが釣れるのか？」と疑問だったが、ダム完成前の地形図（大正9年発行）に現在の糠平湖をかぶせたところ納得。好ポイントはほぼカケアガリや音更川が蛇行する場所と重なっていた。水深が深い場所は、エサとなる動物プランクトンが溜まっているのかもしれない。積雪がないときは湖上のにぎわいが深い湖底にいるワカサギの警戒心を募らせるようで、積雪後に一気に釣果が上がってくる。このポイントはシーズンを通じてほぼ変わらず、終盤にかけて徐々に50mほど南東にずれるくらいである。水深は深く、昨シーズン開幕時は22mもあった。

昨シーズンは五の沢湾内も釣れる日が多かったが、その要因として2019年の大渇水で夏場の湾内が草地になったことが大きい。2020年は草地化しなかったが、今後も期待したい。

広大な五の沢周辺はポイントが分かりづらいため、毎シーズン当ガイドセンターで目印の角材を立てている。手前から「岬下」、「X」、「Y」、「Z」などと記している。大体の位置を確認するとねらい場所が定まるはず。参考にしていただきたい。

❸五の沢対岸

五の沢沖ポイントからさらに湖上を歩く。駐車場からは約1.6km。

ほぼ湖上を横断することになるので、荒天時やシーズン当初は危険。ここにも毎シーズン目印の角材（対岸P）を立てている。糠平湖一の好ポイントで、シーズンのサオ頭が出る場所である。超深場で五の沢沖よりさらに3〜4m深い。終盤にかけてもほぼポイントは変わらない。目印の周囲を探ってみたい。

ところで、①〜③は、どのポイントも日によって微妙にポイントがずれる。これはワカサギの天敵（サクラマスなど）の動向や水位の低下、天候、湖上の音が関係しているようだ。また上手な方が群れを集めているとも考えられる。

オモリを底に着け、ラインを少したるませて誘うとアタリが増え、ご覧のとおり！午前9時から午後2時まで、ほぼ途切れることなく釣れ続いた

ここでも実績あり

周囲約34㎞の糠平湖には、ワカサギが釣れる場所はほかにもある。以下は最近あまり釣り人が入らないが、気になる方はチェックしてはいかがだろうか。いずれも湾口がポイントになる。

●不二川

ぬかびら温泉に最も近いポイント。かつては釣れたが最近は不調。とはいえ、2020年シーズンは意外に釣れていた。釣期は短く、自動車氷上ラリー大会（2020年は1月25〜26日に開催）終了後の1月末から10日間ほどしか期待できない。

●四の沢

三の沢北側の湾で三の沢ポイントから600m、三の沢より湖上を歩く。ウグイとアメマスがうるさい。深場を探そう。

●タウシュベツ橋付近

かつては車で横付け可能な人気ポイントだったが、現在は林道が冬季通行止めになり、徒歩による湖上横断でしか行けない。たまに挑戦する方がいるものの釣れていないようだ。度重なる出水でワカサギのエサ環境が変わったのかもしれない。近年、タウシュベツ橋は観光客が多く、釣りをする雰囲気でもない。

●熊谷温泉跡

ここも以前は車で横付けできたが、現在は湖上横断でしか行けない。たまに釣り人が訪れ、釣果がよいこともある。ただ、後述するガス穴の多発地帯で、充分な注意が必要だ。

●親指湾

かつては好ポイントだったが、ここ数年はウグイの集結場所になっている。それでも昨年、某メーカーのフィールドテスターが釣果を上げていた。

●ウサギの耳（隠れ湾）

五の沢対岸ポイントの北側200mにある隠れた地形。水位が下がると顕著に出てくる2つの湾型から「ウサギの耳」または「隠れ湾」とも呼ばれる。ここも近年は釣り人が少ないが、かつての好ポイント。水深は深く対岸ポイント並み。

●枯れ沢の湾

三の沢の対岸、岩が切り立った深い湾。ペンケウエナイ川が流入しているが通称「枯れ沢」。やはり湖上を横断する場所で、以前は大型サクラマスの実績が高かったが、昨年はアメマスが多く釣れて

14㎝のデカサギをゲット！　河田さんによると、7割は当歳魚、3割は2年魚とのことで、3年魚と思われるこのサイズはレアとのこと

アタリダナはほぼ底。ポイントを決める前にいくつか穴を開けてみて、魚探で反応を見るとよい

取材時の最大と最小を並べてみた。よく釣れたのは食べ頃サイズの6～8cm

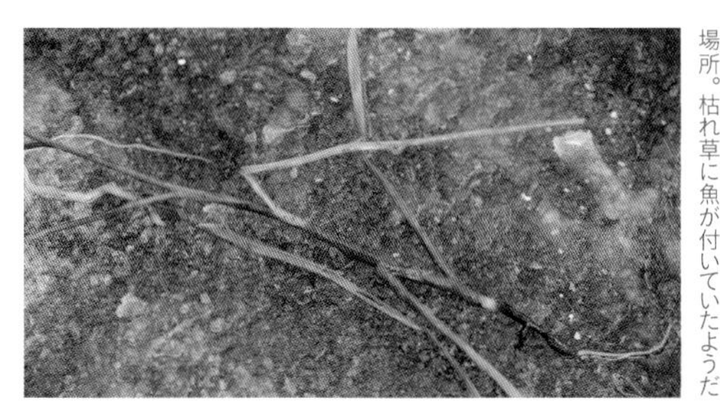

釣り座を構えた周辺は夏、地面が露出して草原化したことで話題になった場所。枯れ草に魚が付いていたようだ

五の沢沖合には土日祝日(午前9時30分～午後2時)、テント内にポータブルトイレが設置される。女性も安心して楽しめる

アイスバブル。凍った湖面の中に気泡が閉じ込められてできる。雪が少ない年に見られる現象 Photo by Hiroyuki Sato

遊漁料を支払うと『ぬかびら源泉郷』の割引券がもらえる。釣りの後は源泉かけ流しで温まろう。なお、ぬかびらとはアイヌ語で「人の形をした岩」という意味

立ち木がつくる幻想的な風景

いた。

●ダブル湾

枯れ沢の湾の南500mにある2つの湾。ポイントは北側の湾口。ワカサギ、サクラマスの好ポイントとして人気があったが、湖岸の林道が通れなくなり最近は全く情報なし。どこの場所からも遠い、もはや幻の釣り場となっている。

釣り方と注意事項

◎底釣りが基本

糠平湖のワカサギは平均8cm以上で、仕掛けは1.5号前後が適している。サシは好みで白と赤を使用するが、ラビットなど小型が有効だ。エサは鮮度が大切で、こまめに状況を確認すること。半切りにするのもよいが、エサ持ちが悪くなるのがネック。

どのポイントも水深は20m前後と深く、しかも底釣りになる。両軸リールの場合は高速タイプでないと手返しが悪く釣果はかなり落ちる。シーズン初期は電動リールが断然有利。

仕掛けは底バリ付きがおすすめ。撒きエサは禁止ではないが、一度に多量に撒くと一気に魚の活性が落ちる。撒きエサを使用する場合は、少量をこまめに撒くのがコツ。釣れているときは不要だ。あとはとにかくこまめな誘いを絶やさないことが釣果を上げる秘訣といえる。

◎強風対策はしっかり

このエリアは寒い地域で、テントは必須だが、山岳特有の強風が吹くためテントをしっかり固定しよう。毎冬10張り以上のテントが飛ばされている。糠平湖の氷は硬く、テント付属品のペグはまず使えない。推奨したいのは、スノーピークのソリッドステークという鍛造ペグ。4本打てばほぼ大丈夫だ。風上側の張綱も有効。

◎ガス穴に気をつけて！

糠平湖の随所にできる氷上の穴、大きなものは直径3mにもなり、毎冬数人が落ちている（私は過去7回）。湖底に棲むメタン生成菌（メタン菌）が出すメタンガスが氷下に溜まり、その熱で穴が徐々に成長し、湖上に達し穴が開くという現象である。アイスバブルはガス穴の成長途中のもの。穴が薄い氷で覆われると落とし穴となり危険。五の沢沖と親指湾沖、熊谷温泉跡、不二川周辺に多い。

言わずもがなだがCO中毒、酸欠防止ため、こまめに換気を。コロナ対策にもなる。

◎トイレと買い物

五の沢沖合に、土日祝日（午前9時30分～午後２時）に簡易トイレ（テント内ポータブルトイレ）が設置される。三の沢のポイントはぬかびら源泉郷に戻り、公共トイレを利用する。エサや仕掛けは、ぬかびら源泉郷の『大和みやげ店』で販売している。

十勝のデカサギ釣り場 ポイント捜しも面白い

新得町

サホロ湖

Lake Sahoro

Field Data
ダム湖・淡水
面積：0.64㎢
周囲：約3㎞
魚種：ワカサギ、ニジマス、アメマス

Photo & Text by Ryo Kobayashi

**それほど規模は大きくないものの
15㎝ほどの良型が期待できるサホロ湖。
帯広から近く、根強いファンが多い。
水深があるので、電動タックルが有利だ。**

その日の釣果を大きく左右するポイント選び。魚群探知機でチェックしながら群れを捜す

東岸近くには常設テントが並ぶ。この近くの水深10～13mの深場で実績が高い

Regulation
●遊漁期間：1月10日～2月28日（氷の状況などにより変動）
●遊漁時間：午前7時～午後5時
●遊漁料：600円（1日）、4,000円（1漁期）
●備考：サオ釣りまたは手釣り、サオは1人3本以内。レンタルタックルなし
●問合先：新得町産業課　℡.0156-64-0522

魚探を駆使して……

サホロ湖は十勝川水系佐幌川に造られた治水ダム、佐幌ダムによってできた人造湖。帯広市街から約60㎞で、十勝エリアでは最も西に位置する氷上フィールドだ。札幌方面からのアクセスも良好で、空知エリアの人気釣り場・かなやま湖を擁する南富良野町は隣町になる。かなやま湖釣行の前後に楽しむことも可能だ。

サホロ湖及び佐幌川本流は、新得町が第二種区画漁業権を設定していて、別項のとおり遊漁期間や時間が決められている。「1日券が500円でリーズナブル。もし外しても損した気はあまりせず、思い切りよくポイントを決められます」とは、帯広市の佐藤博之さん。

釣り場は東岸近くで実績が高いという。ワカサギシーズンになると常設テントが並ぶので、それが目印になる。東岸側の水深は10～13m。佐幌川の川筋があり、水深が深いのが特徴だ。

佐藤さんがサホロ湖に行くようになったのは5年ほど前から。当初ホロカヤントウ沼に行く予定が、高波で氷が解けて中止になり、急きょサホロ湖に向かった。すると10～15㎝の良型が掛かり、引きの強さに夢中になった。

「通い始めた頃はポイントがよく分からず、一日やって20～30尾という感じでした。それでも水深があり、魚が大きくて釣りごたえがあるので楽しめました。周りを見てもたくさん釣っている人はおらず、魚影は多くない釣り場だと思っていました」。

しかし、キャリアを重ねるうち、釣れないのはポイントのせいだ

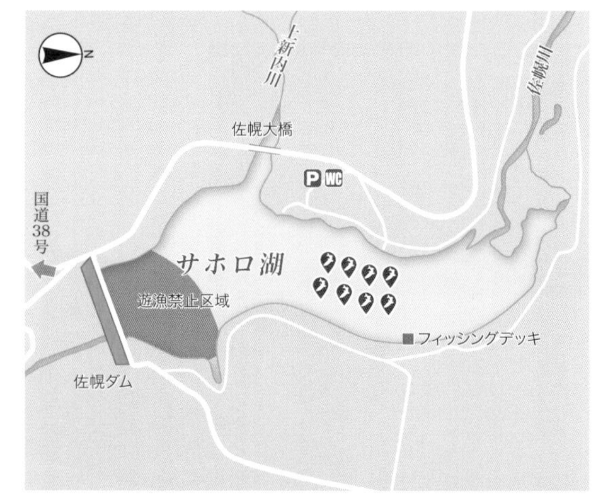

駐車場からソリを引き、坂を下って湖面にエントリーする。駐車場には仮設トイレがある

湖面中央を進み、佐幌川のインレット方面に行くか、ダムサイト方面に行くかが大きな分岐点

良型のトリプルに顔がほころぶ佐藤さん。ワカサギシーズン中はサホロ湖、糠平湖、ホロカヤントウ沼、どこに行くか迷うそうだ

水深のある釣り場のため、数を伸ばすなら電動タックルの二刀流が効率的。佐藤さんはローチェアのスタイルが好み

氷上釣りはランチも一大イベント。佐藤さんのマイブームはピザ。「冷凍ピザを焼くだけですけど最高。釣りをしながら食べられますし」

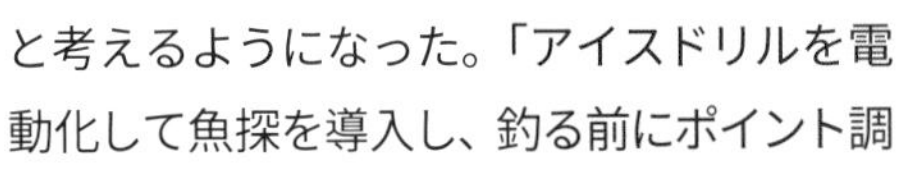

と考えるようになった。「アイスドリルを電動化して魚探を導入し、釣る前にポイント調査をしっかり行なうと、コンスタントに100〜200尾釣れるようになりました。400尾釣れた日もあり、そのときは魚探が砂嵐みたいにすごい反応が出ていました」。

ハリは小型魚に合わせる

佐藤さんのスタイルは電動タックルの二刀流。ミチイトはPE0.2号。仕掛けは狐バリ1号がメイン。エサは白サシとラビット。魚のサイズは6〜7㎝クラスと12㎝オーバーの良型に分かれる。

「釣れる割合は6〜7㎝のほうが多いですが、時折引きの強い良型が掛かるのが魅力」。となると仕掛け選びが悩ましいところだが、ワカサギ釣りは小型に合わせるほうがよいと佐藤さんは考えている。小さいハリでも良型は問題なく掛かるが、大きいハリだと小型を掛けるのは難しいため。なお、基本は底釣りだが、広範囲に反応が出ることもあり、全長の長い6〜7本バリの仕掛けが有利だ。オモリは3〜5gの使用頻度が高い。

遊漁券を購入する際、管理スタッフの方に話を聞いた。「バブル期にレジャー目的の水面利用に造成されたのが始まりで、ワカサギ釣りの歴史は20年ほど。ワカサギの放流卵は網走湖産で、年によって仕入れる量は変わりますが、大体3000〜5000万粒。ここは水質が綺麗すぎるのか、エサが少ないよう。育ちきれず2年魚になる魚の割合が多いせいか、良型が釣れるのではないでしょうか」。

発電目的のダム湖ではないため、放水による減水はしない。そのため、シーズン序盤と終盤の水深差はほとんどないが、佐藤さんによると「1月に好調だったポイントでも、2月下旬に入ったらイマイチだったり、魚の付き場はけっこう変わります」とのこと。「開幕直後は深場がよいのは確かとはいえ、終盤は思い切って浅い場所に入るのもありかもしれません。フィールドの規模が小さいので、宝探しみたいな感覚で、爆釣ポイントを捜すのが楽しいと思います」。

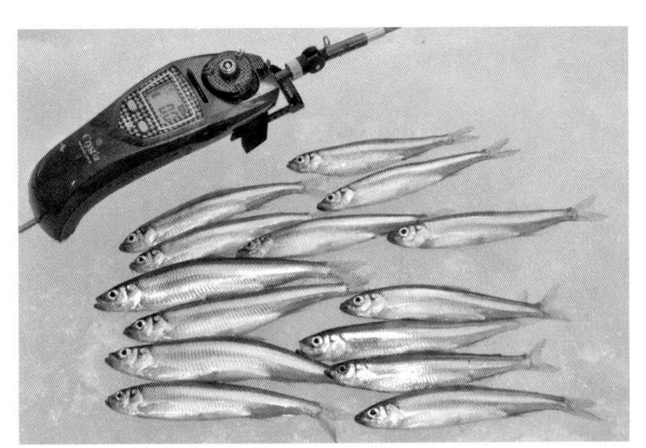

1月の取材時、良型を選抜して撮影。水質がよいからか、サホロ湖のワカサギは食味のよさにも定評がある

●おすすめ仕掛け

水深のあるフィールドのため、6本バリ以上の仕掛けがマッチする。アタリの出やすいショートハリスと、食いが渋いときに適しているロングハリスを用意したい。写真左はダイワ『快適ワカサギ仕掛けSS速攻ショート』、右は同『快適ワカサギ仕掛けSS鉄板フロロ』

【遊漁券について】

事前に購入する場合は、午前8時半から午後5時15分まで、新得町産業課観光振興係まで(平日のみ)。現地で購入する場合は、巡回している漁場管理人に料金を支払う

氷上を一望できる駐車場から。なお、夏季はトラウトフィッシング人気だが、資源保護のためマス類が釣れた場合はリリースしたい

富里大橋から釣り場を眺める。札幌からここまで来るのに6時間以上掛かったが、この風景を見て疲れは吹き飛んだ

ウッディーな管理棟。棟内のトイレを利用できる。釣り可能エリアはロープを張って範囲を示している。厳守したい

湖の山側に除雪が行き届いた駐車場がある。土曜午前9時の時点で7〜8割のスペースが埋まっていた

湖面までの坂はなだらか。ちなみに、ソリは底にシリコンスプレーを吹くとよく滑るようになる

地元で愛される アットホームなダム湖

北見市

富里湖

Lake Tomisato

Field Data

ダム湖・淡水
面積：約0.2㎢
魚種：ワカサギ、フナ、コイ、ニジマス、サクラマス

近場で楽しむ人が多い氷上釣りだが、未踏のフィールドに遠征するのも楽しい。おすすめエリアは、釣り場が豊富な道東だ。2月上旬、富里湖を訪れたときの模様をレポート。

Text by Ryo Kobayashi

Regulation

●期間：1月上旬〜3月中旬（氷の状況などにより変動あり）
●時間：午前9時〜午後4時
●料金：無料
●備考：レンタルタックルなし
●問合先：富里湖森林公園管理棟　TEL.0157-33-2520
北見市都市建設部公園緑地課　TEL.0157-25-1139

釣りが可能なスペースは広くはないが、和気あいあいとした雰囲気。晴天の日なら外でサオをだすのもよいだろう

魚探がなければ沢筋や岬など、目に見える変化から湖底の起伏や水深をイメージしたい

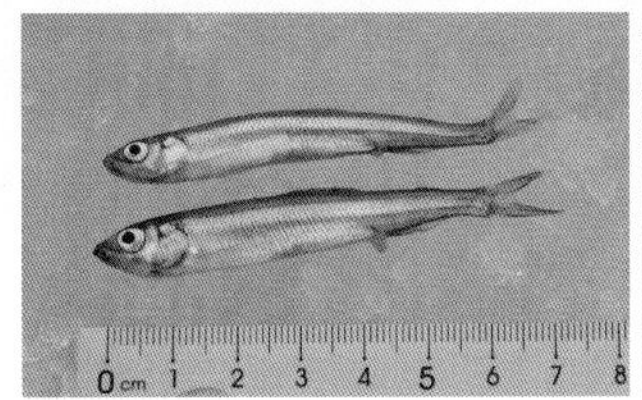

ワカサギのサイズは7cm前後が多かった。仕掛けは0.5〜1号が適しているだろう

マブナは4尾もヒットした。当然、ワカサギ用の穂先だとビッグファイトになる

開始早々からアタリが頻発し笑顔を浮かべるメンバー。釣果は2人で130尾ほど

刺激を求めて

ワカサギ釣りはホームグラウンドを持つ方が多いが、同じ釣り場に通っているとマンネリ化しがち。刺激がほしい方は、遠征はいかが？　北海道は氷上釣り天国。個性的なフィールドがそこかしこにあり、時折掛かるゲストフィッシュはフィールドにより異なるのも面白い。「こんな氷上もあるんだ！」と新しい発見に驚くはず。

おすすめの遠征エリアは、やっぱり道東だ。東の横綱といえる網走湖や阿寒湖といったメジャーフィールドだけでなく、小規模な釣り場も数多く存在する。2月上旬、取材班が訪れたのは富里湖。

同湖は常呂川水系仁頃川上流に造られた富里ダムの貯水池。仁頃山山麓に位置し、一帯は富里湖森林公園として整備されている。漁業権はなくワカサギ釣りは無料だが、駐車場と釣り場が開放されているのがうれしい。それほど釣り場は広くなく、地元の釣り人が楽しんでいるイメージがあるが、今回は1泊2日の旅程で2日目に網走湖を予定していて、通り道となる富里湖は立ち寄るのに絶好の位置。北見市街から約30分と近く、宿泊施設に困らないのもよかった。期待を胸に早朝、札幌を出発。

アタリは多い!

旭川紋別道は途中、ホワイトアウトありの視界不良でずっと50km規制。緊張感のあるドライブが続いたが、終点の遠軽ICを出ると、うって変わって青空が広がった。相反する天候に北海道の広さをあらためて実感。

湖畔の駐車場に到着したのは9時過ぎだったが、管理棟近くの看板には午前9時〜午後4時と利用時間が表記されている。タイミング的にはバッチリ。駐車場は広く、50台ほどは停められそうだ。

初めての釣り場で魚探もないので、川の流れ込みの沖、カケアガリがあるだろうと思われる辺りに釣り座を決めた。水深や流れの有無、ゲストフィッシュがイマイチ分からないことを考慮し、空ける穴と穴の間隔は広めに取る。

仕掛けを投入すると電動リールの水深カウンターは3mを表示。周りの方に聞くと、湖の最深部はけっこう深いようだが、釣り場として開放されているエリアは2〜3mとのこと。

着底してまもなく穂先に反応が！　釣れるワカサギはやや小ぶりながら、水質がよいせいか魚体は綺麗。しばらくワカサギの放流はされていないようだが、魚影は意外に多く飽きない程度にアタリがある。仕掛けは0.5〜1号がマッチするだろう。

釣果は午後3時半までに2人で130尾ほど。長めの昼食休憩を考えれば上々だ。メンバーのひとりは15〜20cmのマブナを4尾ゲット。ひとりだけ使っていたブドウムシが効いた!?　ほかのテントではコイが釣れたという。

夏はマスのライズが見られるそうで、釣ったワカサギをエサにマス釣りも試してみたがノーヒット。それでも楽しい一時を過ごせた。ちなみに翌日の網走湖も絶好調。氷上天国・道東を堪能した！

ライターKのアイデア

単独行ではリアシートを倒し、荷物を積んだソリを車に載せているが、数人での遠征となると無理。そこで最もスペースを取るソリは、ルーフボックスに収納。こうすれば車内スペースにかなりの余裕が生まれる

釣ったワカサギを入れているのは100均のプラケースだが、蓋は半分にカットして電動リールのたたき台としても使っている

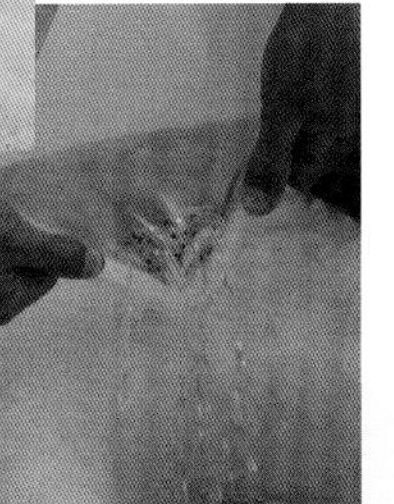

湯を沸かすのに固形燃料と小さい鋳物製五徳を用意。前者は100均で入手可能。火力は弱めでも低温化で安定して燃えるのが利点

プラケースの蓋の隅に電動ドリルで小さな穴をいくつか開けている。こうすれば釣りを終えた後、水切りが容易。カップ焼きそばの湯切りからヒントを得た

深い森に静かに佇む山上のダム湖

置戸町

おけと湖

Lake Oketo

Field Data
ダム湖・淡水
面積：2.1㎢
周囲：13.4㎞
魚種：ワカサギ、ヤマメ、アメマス、ニジマス、オショロコマ、コイ、ウグイ

Regulation
●期間：12月下旬～2月下旬（氷の状況などにより変動あり）
●遊漁時間：午前7時～午後4時
●遊漁料：1日券610円（中学生以下300円）、冬季シーズン券3,080円
●問合先：置戸町役場産業振興課 TEL.0157-52-3313

常呂川本流に建設された鹿ノ子ダムにより堰き止められた人造湖がおけと湖。道東を代表するワカサギ釣り場のひとつで、シーズン中は氷上釣り大会も開催されるほか、トラウトの魚影が多いことでも知られる。

駐車場からポイントまでは近く、道も平坦。アプローチはとてもラク。針葉樹と広葉樹が適度に入り混じった森は静寂そのもの

アタリがなくなると……

ここ数年、ワカサギの釣果は低調気味だったが、2020年シーズンに訪れると復調の気配が感じられた。このシーズンは前年12月28日に解禁。当初は2月20日までの予定が、急きょ3月1日まで延期された。

釣行した2月20日は平日というのもあり、釣り人はほかに2組だけ。どちらも常連さんらしく、話を聞くと「今日は朝7時からやって2時間で50尾ほど。今年はいいときで300尾くらい」と言う。また、「置きザオにせず、こまめに誘いを入れるのがだいじ」とも教えてくれた。

釣り可能エリアは広くはないが、いくつか穴を開けると水深はばらつきがある。そのなかからポツポツと反応が出ているポイントを選んで実釣。水深はおおむね10～15m。水を汲むと少し濁っていて、アピール度の高い紅サシを選ぶ。電動タックルで仕掛けを落とすと、いきなり底のほうで30㎝級のアメマスが食ってきた。

鹿の子ダム完成から40年ほど経つが、ベテランのトラウトアングラーのなかには「道内で最も安定してトラウトが釣れる湖」という人が少なくない。標高約442mの深い森に覆われたダム湖は、マス類にとって良好な自然環境を維持している証だろう。その後は中層でサクラマスがヒットした。マス類が回遊してくると怯えて逃げてしまうようで、ワカサギのアタリはパタリと途絶える。また、ワカサギが掛かった場合は、やや速めに巻き上げないとマスの餌食になりやすいので注意したい。

マス類の反応が落ち着くと、7～8㎝のワカサギがぽつぽつと釣れる。タナはほぼベタ底。同行した帯広市の佐藤博之さんは5gのドロップ型オモリを着底させ、ノーテンションで誘っていた。ラインは若干たるんだ状態になり、ラインの動きでアタリを取る。急に張ったり、走ったりすることでワカサギが掛かったことが分かる。特に水深が深い場合、ドロップ型のオモリは仕掛けが安定するのが利点。釣り方やタックルに気を配り、数を伸ばしたい。

「ワカサギ釣り場」と書かれた看板から、狭い林道をゆっくり下っていく。スピードは充分に落とすこと

管理棟の近くにはトイレが2つ。男子用と女子用に分かれている

立入禁止を示す場所には棒が刺さっている。その指示には必ず従うこと

雪が深く、穴を開ける前にスコップで雪かきをする必要がある。電動化したアイスドリルが頼りになる

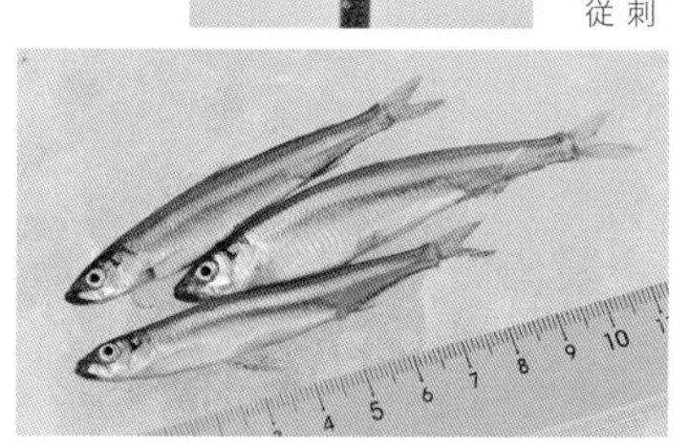

釣れたワカサギは7～8㎝。途中、マスの猛攻を受けながらもぽつぽつと釣れ続いた

鹿ノ子ダム周辺からポイントを望む。2020年シーズン後半の当日、テントは2張りのみ

外で元気に釣っていた2人。毎年、この時季が来るのが楽しみという

シーズン最終盤の2月28日の風景。平日でもたくさんのテントが並んでいた

取材時は8〜10㎝クラスの美形が多かった。金色がかった体色が印象的

セル玉の動きをよく見て、小さなアタリを察知して好釣果を上げていた少年

本土最東端の地、納沙布岬。流氷の量は年や時期により異なる

風蓮湖はバードウオッチングの聖地。オオワシ、オジロワシが乱舞する光景は冬の風物詩

酪農地帯を象徴する看板標識

シンプルなタックル、釣り方でOK。ガツガツ釣るより、のんびり派が多数

Regulation
風蓮川、トンデン川、木村川、ヤウシュベツ川、ケネヤウシュベツ川、ポンヤウシュベツ川
●遊漁期間：1月中旬〜2月末（開幕は氷の状況などにより変動あり）
●遊漁時間：午前8時〜午後3時
●遊漁料：1日1,000円
●備考：遊漁禁止期間3月1日〜4月30日
●問合先：別海漁業協同組合　TEL.0153-75-8111
　　　　根室湾中部漁業協同組合　TEL.0153-25-3131

別海町

超シャロー で"金ワカ"が入れ掛かり

風蓮川 Furen River

Field Data
魚種：ワカサギ、チカ、トゲウオ

Photo & Text by Ryo Kobayashi

最東端の管理された氷上釣り場は道内でも珍しいほど水深が浅い。釣れる魚は金色に輝く良型が目立ち、地元を中心にファンが多い。

根室と別海の町境

風蓮湖は北海道で3番目に大きい汽水湖で、ラムサール条約に登録される自然豊かな湿地。タンチョウ、オジロワシ、オオワシ、ハクチョウなどが飛来する野鳥の楽園として知られるが、天然ワカサギの宝庫でもあり、風蓮川などは日本最東端の管理された釣り場だ。

ポイントは根室と別海の町境に位置する風蓮川の最下流部がメイン。湖側に釣り座を構える人もいて、結氷すると湖と河口の境界は曖昧だが、「川のほうが釣れる」と地元の釣り人は口をそろえる。シーズン開幕は結氷状況により異なるが、例年1月中旬〜下旬。ワカサギとチカの漁業権が設定されている風蓮川を始めとする各河川は、3月1日〜4月30日は禁漁期。2月末で閉幕となる。

水深約40㎝

全体的に水深は浅い。川の流芯と岸近くで多少の差はあるものの、それでも40〜50㎝。もしかすると、日本一浅いワカサギ釣り場かも!?　タックルは手バネザオを使う人がほとんど。サオを上げれば仕掛けのオモリがすぐに穴から出てくる感じで、リールを使う意味がない。極端に水深が浅いため、市販仕掛けは全長が長く、ハリ数が多いものは使いにくい。適当に幹イトを切り、2〜4本バリにして使うのが地元ではポピュラー。

取材時の2月下旬は、シーズン終盤ということで8〜10㎝クラスのワカサギが多かった。特徴的なのは金色がかった魚体。さしずめ"金ワカ"という感じだ。

仕掛けは狐、袖を問わず1〜2号が無難。オモリは1〜2gのウエイト差が釣果を左右するとは思えない。ただ、川の流れと潮の影響があり、干潮時は流れが強くなる。軽いオモリだと仕掛けが斜めに立ち、穴のエッジにハリが掛かって釣りにくい。

一方で、満潮の潮止まりの時間帯は流れが弱く、魚の食いが渋くなるので、軽いオモリが有効だろう。また、水深が浅いためか穂先に表われないアタリが多い。横方向のアタリを察知するため、セル玉をミチイトに通している人がけっこういた。

エサの種類と使い方

くわせエサから撒き餌まで

齋藤壮平さん。『North Angler's TV』にもたびたび出演していて、海の大ものから淡水の小もの釣りまで詳しい

くわせエサ

◎サシ

ワカサギ釣りのくわせエサとして一般的なのは、ハエの幼虫であるサシ。白サシと赤に着色された赤サシに大別できる。基本的な付け方は主に2つ。チョン掛けして半分ほど切るか、サシの両端にハリを刺して真ん中をカットする。切ることでワカサギが食いやすくなるうえ、体液が出ることで集魚効果も期待できる。

パッケージに入っている量は、だい

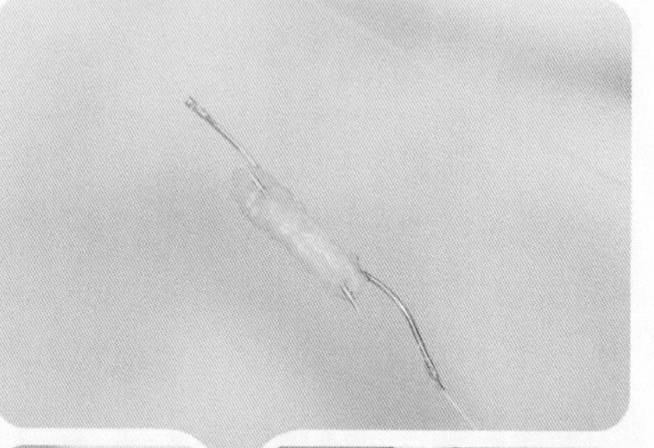

サシはハリに1匹ずつ付けて切るより、前後のハリにチョン掛けして……

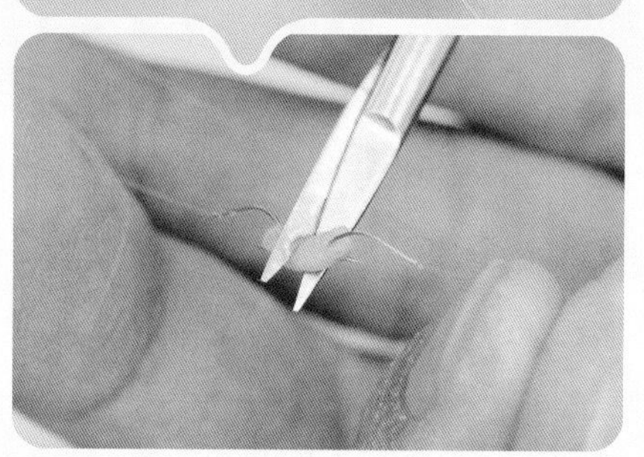

サシの中央部をカットすると効率よく使える

エサ	サイズ（食わせやすさ）	色覚アピール	使いやすさ（持ち）	コスパ
赤サシ	△	○	◎	◎
白サシ	△	△	◎	◎
紅ラビット	◎	○	○	○
ラビットウォーム	◎	△	○	○
アカムシ	◎	◎	△	△
ワカサギウォーム	◎	○	○	○

サシ系

赤さし

白さし

大さし

ワカサギウォーム

ラビットウォーム

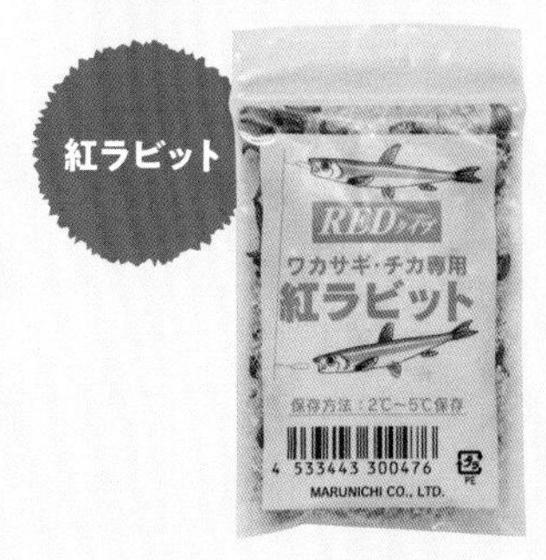

紅ラビット

ミニラビット

Bait

たいスプーン大さじ1杯。後述するワカサギウォームやラビットウォームよりも内容量は多く、何といってもコスパが優秀。価格は赤サシのほうが高め。売れ線は「圧倒的に赤サシ」と齋藤さん。赤色は水が濁っている場合にも有効で、状況や場所を問わず、安定した釣果が望めるようだ。

通常のサシよりも大型の「大サシ（白色）」もあるが、これはワカサギではなく大型のチカがねらえるフィールドに適している。

◎ワカサギ&ラビットウォーム

サシよりもサイズが小さいのが一番の特徴。切らずに1匹のまま使うなら、迷わずこちらを選びたい。小さいだけにワカサギが食いやすいのは明らかで、食いが渋いときにも有効だ。カットして使うには扱いが難しく、中〜上級者に向いているだろう。

「ワカサギウォーム」は赤色で、「ラビットウォーム」は白色。「紅ラビット」は赤の色がより濃く、特にアピール度が高いと考えられる。より小型のタイプが「ミニラビット」。ワカサギの魚体が小さいフィールドや、しのつ湖などの激戦区で試してみたいエサだ。

◎味付きタイプ

近年人気があるのはサシに味を付けたタイプ。別項のとおり、I・STYLEからはニンニク、チーズ、バニラ、チョコレート、メロン、イチゴ、エビの全7種類リリースされているが、注目したい要素は匂いによる集魚効果と色によるアピール効果だ。

最も匂いがきついニンニクは集魚効果が抜群。エビとイチゴは赤色で色覚効果が期待できる。きつい匂いが気になる人なら、ほのかにあまい香りがす

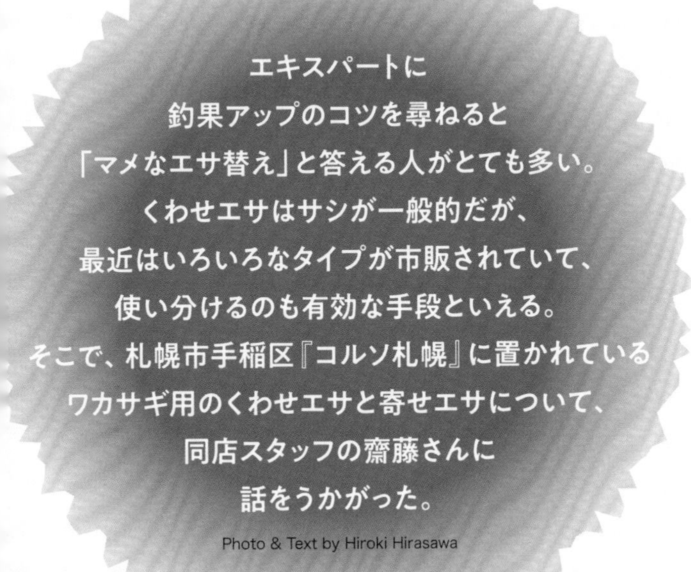

エキスパートに
釣果アップのコツを尋ねると
「マメなエサ替え」と答える人がとても多い。
くわせエサはサシが一般的だが、
最近はいろいろなタイプが市販されていて、
使い分けるのも有効な手段といえる。
そこで、札幌市手稲区『コルソ札幌』に置かれている
ワカサギ用のくわせエサと寄せエサについて、
同店スタッフの齋藤さんに
話をうかがった。
Photo & Text by Hiroki Hirasawa

体が細長く、まめなエサ交換が求められる

赤さし（上）と紅ラビット（下）のサイズ比較

味付きタイプ

フレーバー	アピール	集魚力	扱いやすさ
チーズ	○	◎	△
エビ	○	○	○
ニンニク	○	◎	△
バニラ	△	○	◎
チョコ	△	○	◎
イチゴ	○	△	◎
メロン	○	△	◎

にんにくさし
チーズさし
チョコさし

ヘリオス Lサイズ

ブドウムシは遠くの群れを引き寄せる効果がある

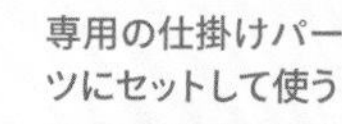

専用の仕掛けパーツにセットして使う

エサの保存について

通常のサシは冷蔵保管で1週間は持つが、味付きタイプは少し短く4～5日、サイズの小さいワカサギウォームやラビットウォームなどは3～4日程度と考えたい。

アカムシは1～2日程度だが、長持ちさせたいなら冷たい水道水を入れ替えると少しだけ持ちがよくなる。ブドウムシはまゆに包まれているタイプなら1～2週間は大丈夫だが、まゆなしのタイプは1週間程度。

エサはいずれも直接冷気が当たらないようにして冷蔵庫で保存する。パッケージやボックスに入れた状態で冷蔵庫に入れればOK。ただし、冷気が当たりすぎるとよくない。気になる人は新聞紙に包むとよいだろう。

サシは専用のケースに入れるのが一番。写真はダイワ『ベイトボックス』。おがくずが振り落とせるメッシュ仕様で、サシの脱走を防ぐ返し機能が付いている

ふるる・キラキラふるる

るバニラやチョコレートなどを選ぶのもよいだろう。「濁っていて微生物が多い場所では、匂いがきついタイプが効きます。逆に、水が澄んでいる貧栄養湖では、バニラなどのナチュラルなタイプのほうが食いはよかったりします」と齋藤さん。いずれも通常のサシより価格は高く、内容量は少ない。

◎アカムシ

ユスリカ（蚊）の幼虫であるアカムシは、昔からワカサギ釣りのエサとして定番。細長くて刺しにくく、エサ持ちが悪いうえ、日持ちしないのも難点だが、食いのよさでいえば一番のくわせエサかもしれない。ハリに付けやすいよう、大根の輪切りの上に置いて刺す方法が知られている。濁りがきつい場合や、当歳魚がメインになるフィールドなどで威力を発揮するだろう。

寄せエサ

◎ブドウムシ

渓流釣りで一般的なエサでハリに付けるが、ワカサギ釣りでは強烈な集魚効果から寄せエサとして機能する。各メーカーからブドウムシを付ける仕掛けのパーツが発売されているので、それを使用したい。水深が深いフィールドや、魚のタナをつかみにくい状況などで、ブドウムシの持ち味が活きる。

まゆに包まれているタイプ『ぶどう虫』と、まゆなしタイプ『ヘリオス』が市販されている。日持ちするのは前者だが、扱いやすいのは後者だ。

◎撒き餌

手を汚さずに魚を寄せられるのが最大のメリット。釣れているときは必要なくても、釣れない時間帯などに試してみると突破口が開けるかもしれない。ただし、注意したいのは撒き餌を禁止している釣り場があること。使用する前に必ず確認したい。

道内で人気があるのは、ボトルに入っていて手軽に使えるI·STYLE『ふるる』と『キラキラふるる』。下にエビ粉が溜まっているので、2～ 3回振ってから適量を穴に投入する。ゆっくり沈みながら一粒一粒ばらけていくのが同商品の特徴。後者はネーミングどおりキラキラと輝き、視覚効果もある。

『わかさぎ名人』はだんご状になっているタイプ。『ふるる』と違って沈みが速く、底に群れを集めたいときに適している。

虫エサが苦手な人に……

サシを見ているだけでも「気持ちワルーイ」と思う人には、人工エサがおすすめ。マルキユー『紅雪II』は生分解性素材を原料とし、ワカサギの好む成分を追求。ハリ持ちのよさは抜群で、虫エサではないので保存もラク。タックルケースに1つ入れておければ、虫エサがなくなったときに重宝するのは間違いない。同社の寄せエサで、仕掛けの一番上のハリに付けて使う『寄せっこ』と併用すれば、さらなる釣果アップが望めるだろう。

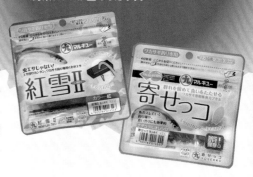

もっと釣るために! 私的スタイル考②

本誌アシスタント・伊藤まきのテント内のスタイルとアイデアを紹介。テントは大人2人ならゆったりできるレギュラーサイズ。

道具と積載術

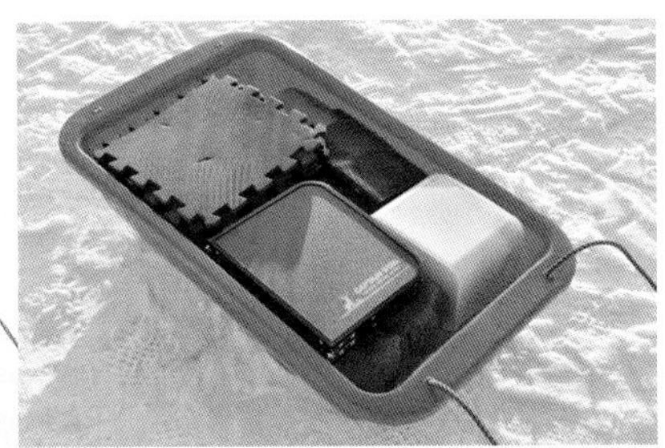

釣り場に持ち込むワカサギ釣り道具。ソリは小型車でも積みやすいジャンボスレーの小サイズ(920×525×175㎜)。一番下にコンパクトチェアとタックルボックス、その上にテーブルやマット(写真右)、一番上にテントを積んでバゲッジネットで包む(写真左)。ストーブは同行者が手に持って運んだ

釣り座

この日は2人で、それぞれ電動タックル1つのスタイル。それほど座位が低くないキャンプ用のチェアを使用しているため、たたき台は小型のテーブルの上に置く

暖房器具はカセット式ガスストーブを使用。ガス缶は寒さに強い、SOTOのパワーガスタイプがおすすめ。1日の釣りで3本あれば大丈夫だそう

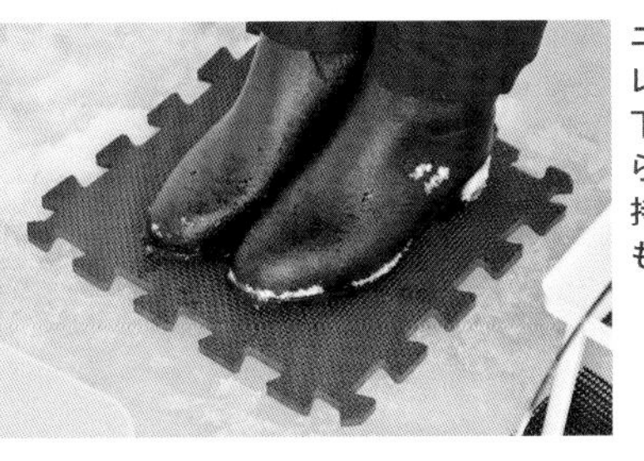

ニトリで購入したポリエチレン素材のマットを敷くと、下からの冷気をかなり抑えられる。このマットは数枚持ち運び、濡らしたくないものを置いたりしている

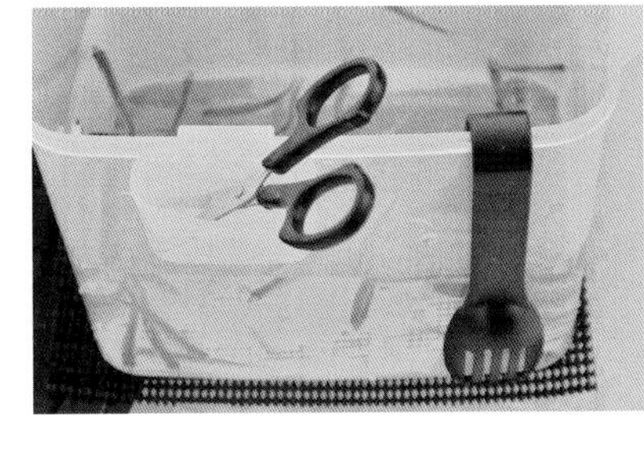

100均には氷上釣りで活躍するアイテムが多数ある。サシを切ったハサミは、水を入れた小型のプラケースにイン。右の魚をつかむトングも100均で購入

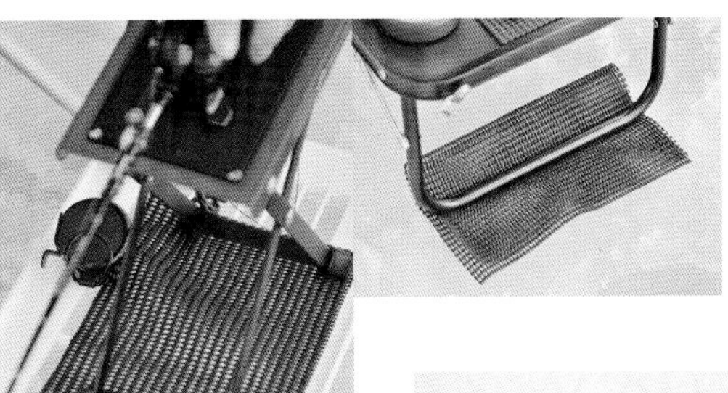

テーブルやたたき台は滑ると厄介なので、脚の下に100均で売っている滑り止めシートを敷いている

使用頻度の高いティッシュや、なくすと大変なスマホなどは、テントに付いているポケットに入れている

濡れた手袋や食料は、暖かい空気が集まるテントの上部に吊るしておく。その際、ハンガーやDカンがあると重宝する

屈指のレジャースポットは
腕利きも唸る「道場」

北釣場。ポイントまでの斜面は緩やかでアプローチはとても楽。佐藤さんがよく行くポイントだ

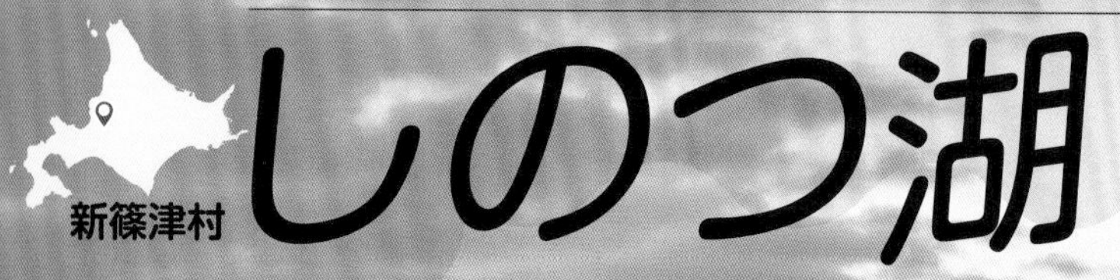

新篠津村

しのつ湖

Lake Shinotsu

Field Data
三日月湖・淡水
面積：約31万㎡
周囲：約4km
平均水深：約3.3m
魚種：ワカサギ、クチボソ、ウグイ、フナ

文＝佐藤大輔（札幌市）
Text by Daisuke Sato

札幌市街から40〜50分で温泉が併設。そんな恵まれた環境だけに、ファミリー層も数多く訪れる石狩川の三日月湖・しのつ湖は、エキスパートにも人気が高い。なぜなら、飛び切り手ごわい魚がいるからだ。

Regulation
●遊漁期間：1月上旬〜3月中旬（氷の状況などにより変動あり）
●遊漁料：1日1,000円（3歳〜小学生500円）
●備考：釣り場は南・北・たっぷ釣場の3ヵ所。上記の遊漁料の場合、レンタル・入浴サービスはなし。釣ったワカサギを1g1円（100g以上から）で買い取るシステムあり。撒き餌禁止（エサはハリに付けること）、調理器具の釣り場への持ち込み禁止、仕掛けとエサの販売あり
●問合先：しんしのつ温泉たっぷの湯　℡.0126-58-3166

各釣り場のインフォメーション
※いずれも、受付場所は『たっぷの湯』ロビー

【南釣場】
受付時間：土日祝日のみ営業　午前6時半〜午後2時半
利用時間：土日祝／午前7時・午前10時・午後1時
※各時間より2時間半利用可
そのほか：釣り小屋3棟

【北釣場】
受付時間：平日土日祝日ともに午前6時半〜午後2時半
利用時間：平日／午前7時〜午後3時半
土日祝／午前7時・午前10時・午後1時
※各時間より2時間半利用可
そのほか：釣り小屋30棟

【たっぷ釣場】
受付時間：平日土日祝日ともに午前6時半〜午後2時半
利用時間：平日／午前7時〜午後3時半
土日祝／午前7時・午前10時・午後1時
夜釣り／午後4時半〜午後7時
※各時間より2時間半利用可
そのほか：釣り小屋63棟

小型の当歳魚がメイン

札幌近郊のしのつ湖は、石狩川沿いの三日月湖。夏はキャンプ、冬はワカサギ釣りでにぎわう人気スポット。『しんしのつ温泉たっぷの湯』の裏手に広がり、ワカサギ釣りを楽しんだ後は冷えた身体を温めて帰路に着くことができる。

シーズン開幕は早い年で12月下旬から。ただ、近年は暖冬の影響で結氷が遅く、1月上旬に開幕を迎えることが多い。シーズン初期に釣行する場合は、事前にしんしのつ温泉たっぷの湯に確認してからのほうが安心だ。たっぷの湯のフロント横に券売機があり、午前6時30分から購入可能。券を買ったら受付でエントリーシートに氏名等を記入し、3ヵ所あるポイントに移動して釣り座を決める。次から各ポイントの概要を紹介したい。なお、釣り場への入場は午前7時から。

釣れるワカサギの9割は小型の当歳魚だが、稀に10cmほどの良型が出る。外道としてウグイ、クチボソ、フナが釣れる。

各ポイントの概要

◎たっぷ釣場

たっぷの湯の裏手の勝手口から出ると、そこがたっぷ釣場だ。温

北釣場の管理棟。受付を済ませ、いざ実釣。手前に小屋が並んでいて、外釣り派は奥にテントを設置する

手ぶらで楽しめる小屋での釣りは予約必須。サオ、仕掛け、エサ、ストーブ、イス、バケツ付き、遊漁料込みの小屋釣りの料金は大人2,600円、小学生1,500円、幼児800円、3歳以下は無料。なお、たっぷ釣場の夜釣り小屋も同料金。小屋とストーブなしの外釣りは大人2,000円、小学生1,000円、幼児500円、3歳以下無料。いずれも入浴券付き

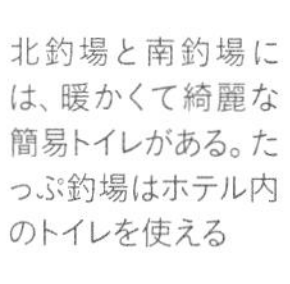

北釣場と南釣場には、暖かくて綺麗な簡易トイレがある。たっぷ釣場はホテル内のトイレを使える

取材時、北釣場で好調に釣っていた飛内一樹さん、優美子さん夫妻。「氷上釣りにハマり、このシーズンは道内5ヵ所の釣り場に行きました。今日も好調です」と2人ともニッコリ

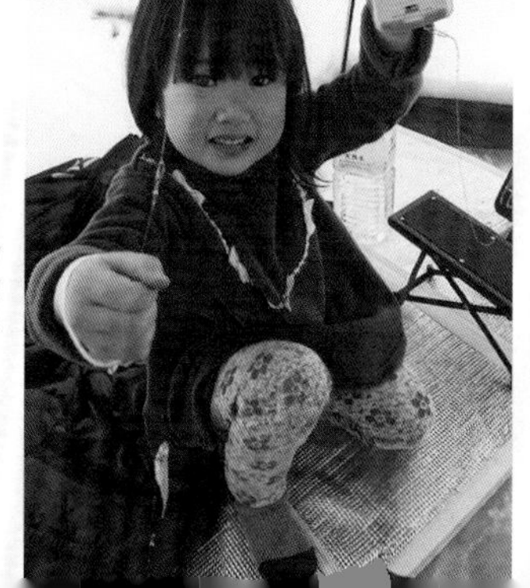

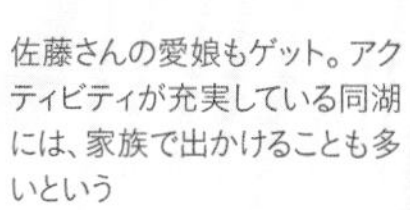

佐藤さんの愛娘もゲット。アクティビティが充実している同湖には、家族で出かけることも多いという

泉の駐車場に車を停め、そのままエントリーすることができる。この釣り場は水深1～2mと浅いため、結氷が早く最初に開幕するポイント。また、夜釣りを楽しめるのも特徴だ。

時折、氷穴直下を泳ぐワカサギが見え、サイトフィッシングを楽しむこともできる。ワカサギがどのように捕食し、穂先にどんなアタリが出るか。その一部始終を目の当たりにすると今後の釣りに役立つことは間違いない。

◎北釣場

受付を済ませたら車で約2分走ると北釣場の駐車場が見えてくる。ここは私がよく行くポイントで水深は3～5m、状況を見ながら底釣りと宙釣りを展開する。土日祝日はもちろん、平日でも入れるポイント。底から1～1.5mの層に群れが回遊していることが多い。

◎南釣場

たっぷの湯を出て北釣場と逆方向に約7分、車を走らせると南釣場の駐車場が見えてくる。ここは土日祝日のみ開場するポイント。北釣場と同様、水深3～5mで、ワカサギは底から1～1.5mを回遊していることが多い。平日に入れないこともあり、魚の反応がよく、ここで紹介したなかで特に釣果が期待できるのが特徴だ。

「道場」と呼ばれる所以

以上の情報だけなら、この湖はワカサギ釣り体験ができるレジャースポットに思えるだろう。しかし、しのつ湖はもうひとつの側面を持つ。ワカサギフリークが「しのつ道場」と呼び、猛者たちが修業の地として一目置いているのがしのつ湖だ。

正直いって難易度はMAX！　それゆえ、猛者たちを熱くさせる。しのつ湖のワカサギは、ほかの釣り場と食いが異なる。なぜかは未だに分からないが、ここの環境が最強に渋いワカサギを育んでいるのは確か。サイトフィッシングで見ているとホバリングしながら居食いをする。サシの汁だけを吸うようなワカサギの動き……。極小のハリは口の中に入っていない。穂先に反応が出て合わせても掛からない理由が納得できた。前述したように小型サイズが中心のため、余計にアタリが弱く、穂先にアタリが出にくい。

激渋を攻略するために

◎ショートハリス0.5号

そんなワカサギを相手にするには、激渋用のタックルで挑むしかない。具体的には、販売されている穂先のなかで最もオモリ負荷の軽い繊細なタイプを選ぶ。シンカーは1g前後、仕掛けは0.3～0.5号の極小、ハリスは3.5㎝ほどの短めがマッチしている。私が推奨する仕掛けは、ダイワの0.5号ショートハリスタイプ。しかし、魚探に明らかな反応が出ているのにアタリが出ない場合は、長めのハリスに替えて誘いをかけるのも有効な手段だ。

◎エサのサイズにこだわる

エサのサシは3分の1カットから始め、渋くなるに従い、さらにサ

『しんしのつ温泉たっぷの湯』
（石狩郡新篠津村第45線北2番地）
道の駅「しんしのつ」に併設。同湖のワカサギ釣りはここで受付を済ませることからスタートする。マイテントを設置して楽しむ外釣り派なら、釣魚券を自販機で購入して好きな釣り場をめざす。駐車場は120台分のスペースがあり広々。レストラン（午前11時〜午後8時）の利用者に限り、釣ったワカサギを天ぷらにしてくれるサービスもある。日帰り入浴の利用時間は午前6〜8時、午前10時〜午後10時

釣れるワカサギは5〜6cmの魚体がほとんどとはいえ、取材時は11cmという良型に出会えた

イズを小さくしていく。サシのトンガリ部分のみのマイクロエサが最後の手段となる。

時間帯は朝イチから入ることをすすめる。道場といえども、やはり早朝は活性がそれなりに高く、穂先にアタリが出る。朝のサービスタイムが終わると、しだいにアタリが散発になってくる。ここから、しのつ道場の本領発揮。完璧なタイミングで合わせているのに乗らないことが多くなる。

食い渋りの状況を打破するのに最も効果的なのはエサを替えること。エサは小さくなればなるほど内容物がなくなるのが早い。エサが極小でなければ食わないしのつ湖では、頻繁にエサを替える必要がある。釣果を上げる一番のコツは、このエサ替えのスピード。猛者たちのエサ替えは、まさに電光石火といえる。アタリが遠のいたらねばらず、すぐにエサを替えよう。

◎一刀集中がベター

ほかの釣り場では必ず電動タックルの二刀流で釣りをする私だが、しのつ湖だけは別。エサ替えの頻度が高すぎ、二刀流だと逆に効率が悪くなるのだ。一刀集中で挑むことをすすめたい。水深が浅く、アタリも小さいため、手繰り釣りも有効な手段といえる。

また、1gという軽いオモリを使用するため、スプールをフリーにしても仕掛けを落とすのに時間が掛かってしまう。そこで出番となるのが捨てオモリ。1号ほどのナス型オモリを本オモリからハリスを介して出す。そうすればストレスなく釣りができるはず。

「ハイキング登山に出掛けたら富士山だった」（笑）。しのつ湖は、まさにそんな釣り場といえるだろう。一見、レジャースポットに思えても、じつはエキスパートも唸る修業の地である。しかし、その難易度の高さが、ワカサギ釣りの奥深さを教えてくれる。私の修行も続く……。

親子で楽しめるバナナボートは見ていても気持ちよさそう。料金は大人1,500円、小学生以下900円

Sato's Tackle &Style

◎電動タックル
穂先は20cm前後で、柔らかいアクションが好み。電動リールはダイワを愛用。ラインはPE0.15号

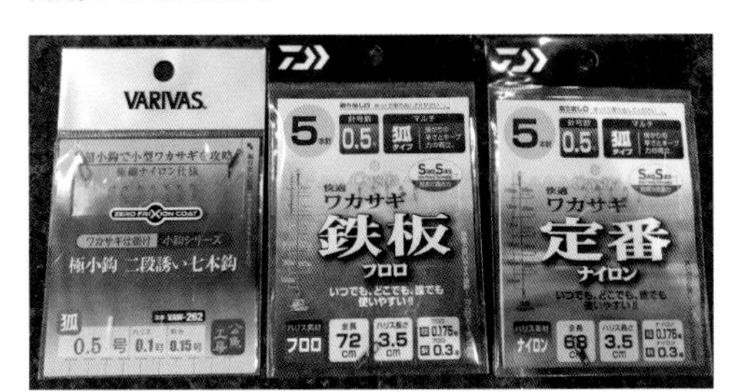

◎愛用仕掛け
仕掛けは0.5号。VARIVAS『ワカサギ仕掛け 極小鈎 二段誘い 七本鈎』、ダイワ『快適ワカサギ仕掛けSS 鉄板フロロ』5本バリ、同『快適ワカサギ仕掛けSS 定番ナイロン』5本バリの使用頻度が高い

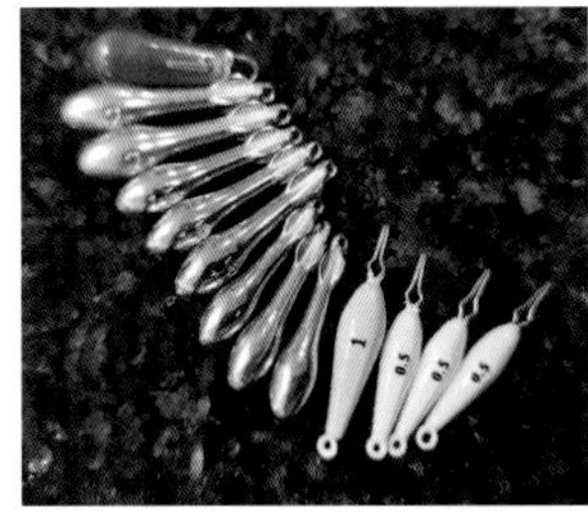
◎オモリ
オモリは少しでも速く落ちるように、細長い後方重心タイプの形状を多用している。ウエイトは1g前後。上のナス型1号は捨てオモリとして使用する

◎釣り座
電動タックルの二刀流でねらう場合の釣り座。お座敷スタイルで、断熱材の上にはレジャーシートを貼っている。魚群探知機は使わない主義だ

月形町

開幕早く、設備万全 初心者も気軽に楽しめる

皆楽公園
Kairaku Park

札幌近郊のワカサギ釣り場のなかで、年々人気が高まっているのが皆楽公園。札幌市街からアクセスがよく、レンタルハウスなどの施設も充実している。

Photo & Text by Ryo Kobayashi

Regulation
- 期間：12月下旬〜3月中旬（氷の状況などにより変動あり）
- 小屋レンタル料金：1人2,500円（小学生1,500円、未就学児500円）
- 備考：小屋利用は5時間程度。月形温泉の駐車場利用可
- 問合先：匠工房　TEL.090-5226-9445

Field Data
淡水
面積：0.27㎢（公園敷地）
周囲：約3㎞
魚種：ワカサギ、モツゴ、ヘラブナ、フナ

氷が解けたらフナやコイ釣りの人でにぎわう皆楽公園。年末から氷上に乗れることが多い

釣れるワカサギはこのサイズが中心。仕掛けは0.5〜1号が無難だろう

モツゴなどコイ科の小魚がゲスト。これらを上手に避けられるかどうか……

例年12月下旬から

札幌の北東に位置する空知エリアには、管理された釣り場である桂沢湖（三笠市）や、近年ブレイク中の砂川オアシスパーク（砂川市）があるが、近年注目度が上がっているのが皆楽公園。

同釣り場の管理、プロデュースを手掛けているのは匠（TAKUMI）工房・代表の小岩靖志さん。小岩さんは隣町・新篠津村のしのつ湖の立ち上げにも携わっていて、その経験が生かされている。「ここは規模が小さいので全面結氷が早く、開幕は例年12月20日過ぎ。道央圏のワカサギ釣り場のなかで、おそらく一番早いのではないでしょうか」。年末から氷上に乗れる釣り場は貴重な存在だ。

悪天候にも強い

基本的に数釣りを楽しみたいなら、開幕から日の浅いシーズン序盤が有利。しかしながら「終盤も面白いです。3月10日前後になるとワカサギが産卵に備えて荒食いするのか、爆発的に釣れる日、いわゆるXデーが必ずあります」とのこと。シーズン終盤はサイズも平均的によく、釣りごたえも申し分ない。

ライト層向けに設備が整っている釣り場は札幌近郊では少ないが、当地はレンタルのハウスやタックルを利用でき、手ぶらで楽しめるのもうれしい。何といっても札幌市街から下道で40〜50分と近いのが魅力。「メインは観光、ワカサギ釣りは手軽に短時間で！」という方にもうってつけだ。もちろん、マイタックル持参でじっくりねらうのもよい。

窪地のような立地で、ハウスもあるので悪天候に強いのも特徴。取材時、家族連れに話を聞くと、「ハウスの利用時間がほかの釣り場に比べると長めなのがいいですね。歩いて行ける距離に温泉や休憩施設があり、子どもが釣りに飽きても大丈夫」というのもメリットだ。

レンタルハウスは10棟ほど、要予約。満員御礼でも外ならサオをだせる

管理棟も氷上にある。釣り方などはスタッフが丁寧に教えてくれるだろう

穴が大きいので釣りやすい。小屋のレンタル料金にはタックル類も含まれる

公園内の水辺の家にはレストランがあり、家族連れでも休日を満喫できる

月形温泉

宿泊者用の月形温泉ホテル（月形町81-10）。日帰り温泉も併設している

十束もねらえる魚影の多さが魅力

Field Data
三日月湖・淡水
面積：約1.8㎢
魚種：ワカサギ、ウグイ、フナ、コイ

砂川市

砂川オアシスパーク（遊水地）

Sunagawa Oasis Park

文＝横川英樹（北見市）
Text by Hideki Yokokawa

駐車場からすぐの管理棟下が人気。坂道を下ってアプローチする

道央と道北からのアクセスがよく、駐車場を開放していて釣りは無料。それに魚影の多さも加わり、砂川オアシスパークは近年、大勢の釣り人でにぎわう。

2020年は開放されず

このフィールドは毎年、ワカサギの受精卵を放流していて、無料で釣りを楽しめることから訪れる釣り人が増えている。しかし2020年シーズンは結氷が遅れただけでなく、最終的に安全に釣りができる氷厚にならず、残念ながら立ち入りが禁止されたまま閉幕した。

釣り場の利用時間は、日の出から日の入りまで。オアシスパーク前に到着順で路上待機をしながら午前６時の開門を待つことになる。開門後は、オアシスパーク横の約60台の無料駐車場に停めるか、取り付け道路上に一列に縦列駐車をする。なお、管理棟のウォーターヒルズスクエアは午前９時から開放されており、水洗トイレや休憩所、自販機の利用が可能だ。

シーズンインはおおむね１月中旬から下旬で、クローズは2月末。例年2月上旬にはファミリーワカサギ釣り大会や自然体験学習が実施されている。釣果は開幕直後が最もよく、10束（1000尾）釣りも聞かれる。開幕当初は高活性の当歳魚が多く、氷の直下で数釣りが楽しめる。２月に入ると魚がスレてきて、徐々に釣果は落ちてくるが、サイズアップし太ったワカサギが期待できる。

水深5m前後に注目

ポイントは、①オアシスパーク管理棟下、②奈江豊平川の主に2ヵ所に分けられる。釣り人の多くはアクセスのよい管理棟下に釣り座を構える。管理棟から遠い奈江豊平川方面はベテランが多いようだ。

管理棟下はかなりの面積が開放されるが、危険な場所は看板やロープで立ち入りが制限されるので指示に従うこと。手前から奥にかけて緩いカケアガリになっていて、水深は深場で10m以上あるが、注目したいのは５m前後のエリア。2019年に広範囲を魚探で探査し

ヨーロッパの城郭を思わせる管理棟、ウォーターヒルズスクエア

写真左の駐車場が満車の場合は、右のように取り付け道路に縦列駐車をする

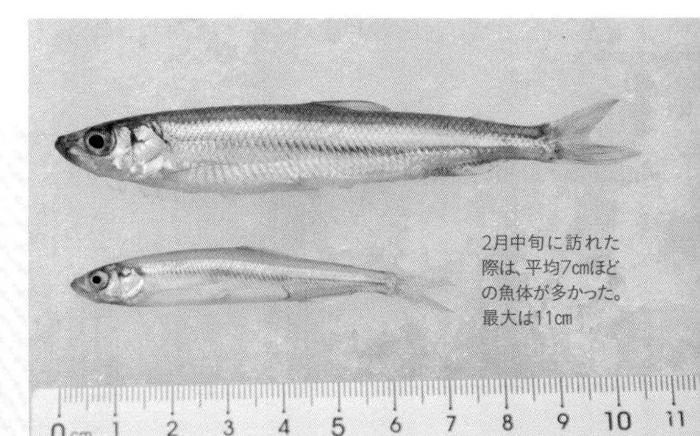

2月中旬に訪れた際は、平均7㎝ほどの魚体が多かった。最大は11㎝

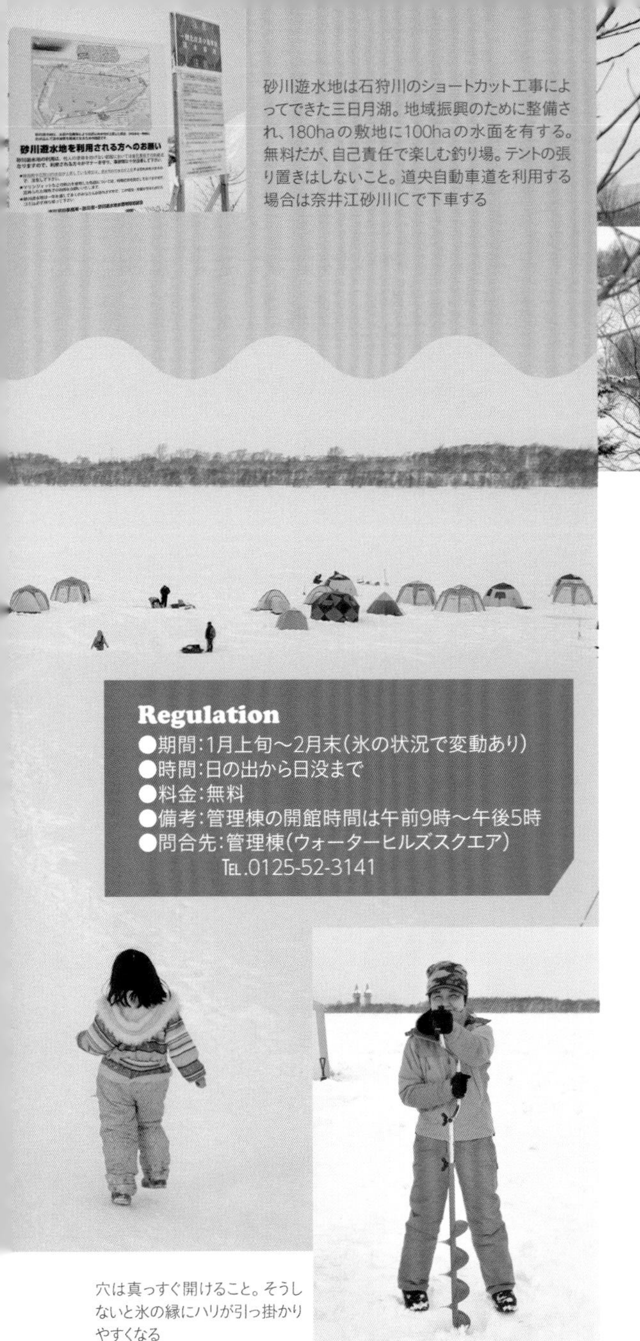

砂川遊水地は石狩川のショートカット工事によってできた三日月湖。地域振興のために整備され、180haの敷地に100haの水面を有する。無料だが、自己責任で楽しむ釣り場。テントの張り置きはしないこと。道央自動車道を利用する場合は奈井江砂川ICで下車する

Regulation
●期間：1月上旬～2月末（氷の状況で変動あり）
●時間：日の出から日没まで
●料金：無料
●備考：管理棟の開館時間は午前9時～午後5時
●問合先：管理棟（ウォーターヒルズスクエア）
TEL.0125-52-3141

穴は真っすぐ開けること。そうしないと氷の縁にハリが引っ掛かりやすくなる

管理棟から離れた奈江豊平川方面。ベテランに人気

たが、場所によって群れの濃さにかなりのバラツキが見られた。数mの違いで釣果に差が出るので、魚探を使って回遊ルートを捜すのが一番。ちなみに2月中旬、当地を訪れた本州のエキスパート・平久江洋和さんは、1時間で200尾をキャッチ。私は2月下旬に777尾を記録している。

奈江豊平川のポイントはインレットがねらいめ。1月の開幕直後より2月に入ってから釣果が望める。群れは水深5m前後に集中していて、場所を選ばずに入れ掛かりが期待できる。

いずれにしても両者のポイントとも、水深5m前後のエリアに的を絞り、回遊ルートを見つけたい。その後は二刀流のスタイルで挑むと釣果を伸ばすことができる。

仕掛けは下バリが必須

◎仕掛け

狐バリタイプの1～1.5号がおすすめ。2019年の釣行では、VARIVAS『ワカサギ仕掛け 桧原』シリーズとVARIVAS『ワカサギ仕掛け 返し鈎』がよかった。ハリ数はソロテントなら5～6本、ラージテントなら7本がおすすめ。群れが回遊するタナの上下幅が広いので、ピッチ（ハリス間隔）が広いタイプが有利。トップ（上バリ）にもよく掛かる。午後は4m前後に群れが浮くので、より広いレンジを探りたい。

なお、下バリは必須。私はVARIVAS『ワカサギ専用下鈎 ふわふわ玉金狐』を愛用しているが、ふわふわ玉付きの下バリはどんな条件下でも効果が見込める。

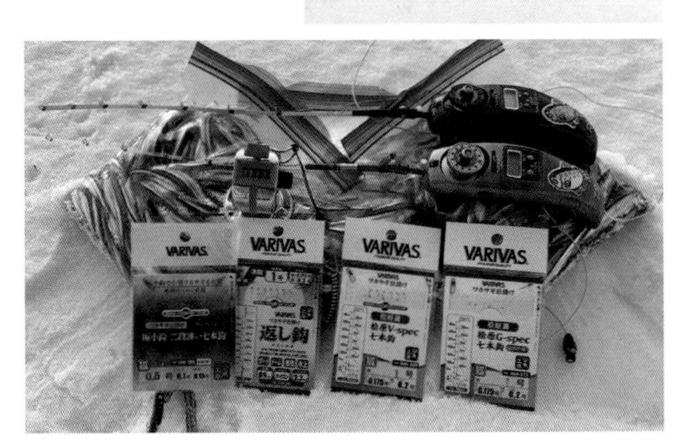

777尾を達成したときの横川さんの使用タックル。仕掛けは1号がメイン
Photo by Hideki Yokokawa

◎オモリ

ロッドにマッチした4～6gを用意したい。オマツリする場合は6gがベター。私はVARIVAS『ワカサギ専用 四面オモリ スイベルジョイント（カラーパック）』を使っているが、蛍光マットグリーンは光量の多いときにシルエットが見えにくいという特徴がある。逆にマヅメ時や大雪後など水中光量が不足するときは無塗装のシルバー系を選択する。

◎エサ

紅サシと白サシを使い分けるのが基本だが、マヅメや濁っているとき、大雪後などの光量が少ないときは紅サシが効果的。後半のサイズが大きい魚には、サシを切って内容物（エキス）による集魚効果を生かしたい。

管理棟内には奇麗なトイレと飲み物の自販機があるほか、遊水地に生息する魚を鑑賞できるコーナーもある

近年は復調気配
シーズン後半に注目

南富良野町

かなやま湖
Lake Kanayama

Photo & Text by Ryo Kobayashi

時計台下の風景。1月時点で水深20m前後と深いポイント。減水が進むシーズン中盤以降に人気

Field Data
ダム湖・淡水
面積：9.2㎢
周囲：36㎞
最大深度：約50m
魚種：ワカサギ、イトウ、アメマス、ウグイ、コイ

札幌、旭川、帯広、どこからもアクセスがよく、規模の大きいかなやま湖は、道央屈指のワカサギフィールド。イトウも生息する水質のよいダム湖で、食味のよい魚がねらえる。

Regulation
●期間：12月下旬～3月上旬（氷の状況などにより変動）
●遊漁料：無料
●備考：魚種を問わず漁業権は設定されていないが、南富良野町イトウ保護管理条例により、イトウ釣りの自粛区間や期間が設定されている

鹿越大橋東側の風景。旅行会社のツアー客向け常設テントが設置され、銀盤は大いににぎわう

水位の高いシーズン序盤、エキスパートは電動タックルの二刀流で挑む人が多い

北海道のへそ

かなやま湖は道内有数の人気ワカサギ釣り場だが、これは南富良野という立地が大きいだろう。隣町の富良野市は「北海道のへそ」と称され、北海道のほぼ真ん中に位置する。札幌、旭川、帯広がつくるトライアングルの中心でもあり、この3都市のいずれからもアクセスしやすい。

そんなへそに水を湛えるのは、北海道が誇る大河・石狩川の最大支流である空知川。水質のよい湖で育つワカサギは食味がよく、ファンをひきつける要素になっている。同湖はイトウが生息することでも知られ、周囲を原生林に囲まれた自然豊富なロケーションも魅力だ。

なお、かつては同町がワカサギの漁業権を取得していたが、現在は放棄されており遊漁料は掛からない。それでも、ワカサギ釣りのメジャーポイントになって

取材時の最大魚は約13㎝。深いポイントでアベレージサイズが大きいと釣り応えがある

2020年シーズン、ワカサギの平均サイズは8～10㎝と大きめ。調子のよいシーズンは数釣りが望める

仕掛けは狐バリの1～1.5号を使用している人が多いようだ。同湖の名を冠した仕掛けもある

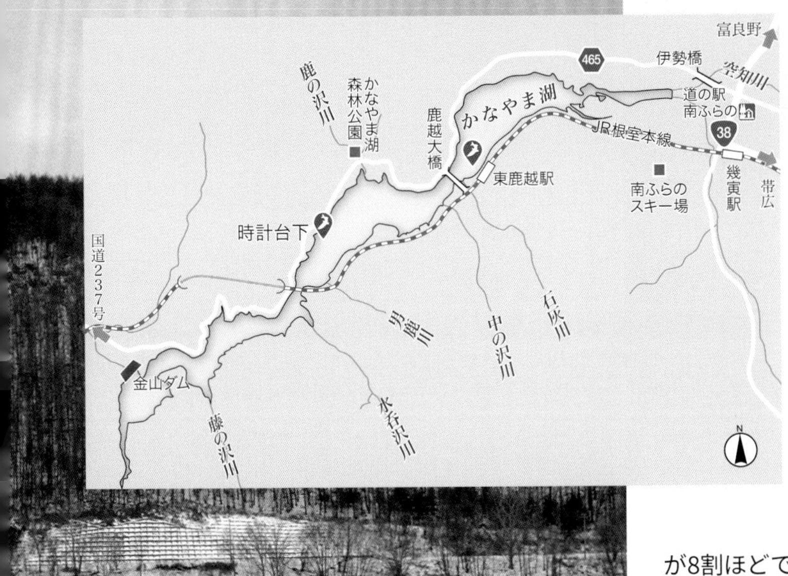

いる鹿越大橋の東側などは駐車場が整備され、仮設トイレも設置されている。また、ツアー会社により観光客向けのテントが設置されていて、いわゆる"半管理"の釣り場といえる。

電動リールが有利

水深はポイントや時期により異なるが、シーズン序盤の鹿越大橋付近は8〜15m。もうひとつの実績ポイントである時計台下は20m前後と深い。手巻きリールでも釣れないことはないが、数釣りするなら電動リールが断然有利だ。

魚のサイズは2020年シーズンの場合、8〜10㎝が8割ほどで良型が多く、取材時は最大13㎝クラスも出ている。状況が分からないときは手返しを重視し、重めのオモリと硬めの穂先でスタートするとよい。

エサはサシが無難。仕掛けは1〜1.5号で大体の場面はカバーできるだろうが、もし食いが渋かったり、魚のサイズが平均的に小さければ、柔らかい穂先と軽いオモリ、小バリの仕掛けに替え、その日のベストセッティングを探りたい。

誘い方は一般的な方法でOK。ゆっくりとサオを上げたら、スッと落として待つ。なお、水深が深い釣り場では、追い掛かりするのを待ち、1回で複数尾をゲットしたくなるが、ビギナーは最初のアタリでしっかり合わせ、1尾ずつ確実に釣っていくのがよいだろう。

減水したらチャンス

古くから通うベテランの話を聞くと、昔はそれほどワカサギの魚影が多くなかったようだ。しかし、ある時期を境に急によく釣れるようになり人気が急上昇。フィーバーしていた頃は10束もねらえるほどで、その盛り上がりを受けて釣り具メーカーから、かなやま湖の名を冠したご当地仕掛けが販売されたほどだ。

しかし、2016年の大きな水害で状況は一変。翌年から不調に陥る。地形が変わったせいか、実績のあったポイントで以前のように釣れなくなった。それでも、年々少しずつ復調し、2020年シーズンは中級者ならコンスタントに2〜3束は釣れる感じだった。

ちなみに国土交通省北海道開発局によると、同湖の満水時の湛水量は1億5000万㎥。これは道内の全生活用水の3ヵ月分に相当するようだ。これらの水は発電などで放水されるが、降雨による水が供給されない冬場は減水が進んでいく。昨季はシーズン序盤と終盤では水位差が約10mあった。

爆発的な釣果が上がっていた頃は、魚の密度が高まるシーズン終盤になると、魚群探知機の画面が底から表層まで真っ赤になったという。アイスドリルで開けた穴から魚が飛び出してきたという話も聞く。今後のかなやま湖に期待したい。

近年はゴミやテントの放置が問題になっている。マナーを守って楽しみたい

1月上旬、200尾入りのジップ袋を手にしてにっこり

湖にはイトウの採捕自粛期間が設定されている。詳しくは南富良野町のホームページで確認を。ワカサギ釣りでも稀に掛かることがあるが、もし釣りあげたら速やかにリリースしたい

『道の駅『南ふらの』
(空知郡南富良野町字幾寅687番地)

地場のお土産を購入するならこちらへ。R38沿いにあり、空知川やかなやま湖に生息するイトウやアメマス、ウグイが泳ぐ水槽があるほか、ヒグマのはく製が迎えてくれる。近くのパン屋が美味しい

穴開け＆ソリ禁止
最小限の荷物で楽しめる

三笠市

桂沢湖

Field Data
ダム湖・淡水
周囲：62㎞
魚種：ワカサギ

Lake Katsurazawa

**氷上釣りにハマると「アレもコレも……」と
ソリに積む道具がどんどん増えていく。
しかし、さまざまな事情で
道具を制限しなければならない人もいるだろう。
そんな人に桂沢湖はピッタリだ。
2020年2月中旬の釣行をレポート。**

Photo & Text by Hiroki Hirasawa

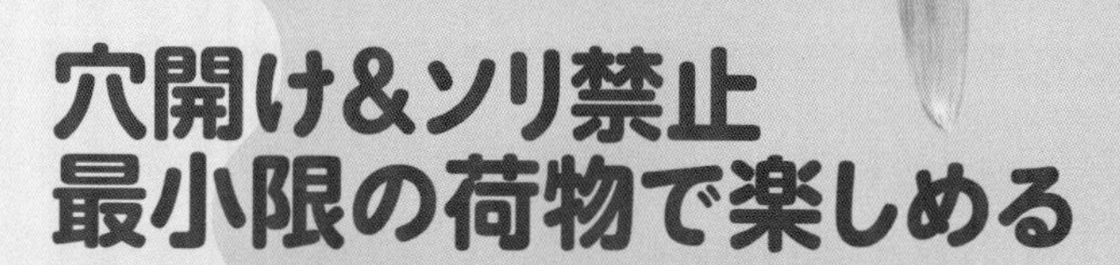

道道116号に立つ看板。札幌から道央自動車道を利用して1時間半ほど。レンタルタックル（仕掛け・エサ付のサオ1,200円、2〜3人用テント2,000円、イス200円、長靴200円）、タックル販売（仕掛け・エサ付のサオ1,700円、仕掛け350円、エサ200円、はさみ200円、手袋・帽子・靴下各200円、氷すくい200円）

5㎝ほどの可愛いサイズが多かったが、湖水を映したような透き通る魚体が美しかった。2020年シーズンの解禁期間は1月11日〜3月8日

Regulation
- 期間：1月上旬〜3月上旬（氷の状況などにより変動あり）
- 料金：1穴300円
- 時間：午前9時〜午後4時（最終受付は午後3時）
- 備考：レンタルタックルあり
- 問合先：桂沢国設スキー場　TEL.01267-6-8235
  三笠市商工観光課商工観光係　TEL.01267-2-3997

レトロな外観が目を引く管理事務所。まずはこちらで受付を済ませる。釣り具以外ではカップメンを販売していた

管理事務所の近くにある看板。ソリと穴開けだけでなく撒き餌も禁止

眼下に見える既設の穴に興味津々。階段を下りてポイントに向かうが、日によっては滑りやすいので充分注意したい

最初に釣り座を構えたのは、向かって右奥。釣り可能エリア内の端のほうが、釣れそうな気がしたのだが……。なお、釣りNGのエリアには柵やロープが設置されているので、その指示に従うこと。湖面でワカサギの調理を行なうことも禁止されている。

使用していない穴は板でふさいでいる。落下防止のため、使用した後も板でふさぐことをお忘れなく

穴を開けるのはNG

「氷上釣りを始めたい！」と思い、サオやリールは用意しても、それなりに値が張り収納スペースを取るアイスドリルやテントは、買うのをためらう氷上ビギナーが少なくないかもしれない。毎シーズン数回は氷上釣りに出かけるのなら、その都度レンタルするよりも買ったほうが得とはいえ、釣りにハマるかどうか分からない段階では思い切れないのも無理はない。

そんな人におすすめしたいのが桂沢湖。札幌からだと近年人気の砂川遊水地よりも近い。管理されているエリアは穴が開けられていて、釣り人自ら穴を開けるのはNG。当然、アイスドリルは不要。また、荷物を運ぶのに氷上釣りで定番のソリも使用を禁止されている。マイテントの持ち込みはOKだが、レンタルすることも可能。ドリル、ソリ、テント。これらの“大物”を持っていく必要がなく、荷物は最小限に抑えられる。

紅サシが定番

道央自動車道の三笠ICから桂沢湖は30分ほど。一級河川の石狩川水系幾春別川に造られたダム湖で、周囲は森に囲まれ静寂に包まれている。余談だが、桂沢湖といえば20年ほど前の秋、釣り人が湖畔に現われた熊に執拗に追われる映像を覚えて人がいるかもしれない。幸い無傷で事なきを得たが、今のように熊が身近な存在ではない時代だけに衝撃的だった。

そんな山上湖育ちで、水が綺麗な桂沢湖に棲むワカサギは、「甘味があって美味しい」と古くから定評がある。平均サイズは5〜7㎝と小型ゆえ、仕掛けは1号前後が適しているだろう。管理事務所の受付は午前9時から。

道道に立つ案内看板の指示どおり進むと、20台分ほどが停められる駐車場がある。そこから徒歩で階段を下り、途中にある管理事務所で受付を済ませる。ここで穴使用料（1穴300円）を支払う。レンタルタックルだけでなく、エサや仕掛けの販売も行なっているが、エサは紅サシのみで、仕掛けは専用の1号（狐5本バリ）のみ取り扱う。「ここは昔から紅サシがいいんだ」とは常連さん。白サシを用意していたが、郷に入っては郷に従え、紅サシを購入する。

四角い穴

訪れたのは2月中旬だが、数日プラス気温が続いたせいで雪が解け、管理事務所から湖畔に続く坂道は滑りやすかった。こんな日はスパイク付きのブーツが安心だろう。

ざっと見て70〜80の穴が開いているが、氷上釣りならではの円形ではなく、30㎝四方の穴が特徴的。アイスドリルで開ける穴は直径約15㎝。それに比べると大きいので、タックル類や小物、スマホを落とさないように注意したい。

近くのお兄さんから「キツネに注意してください」と言われて周りを見ると……。釣ったワカサギを持っていかれないように

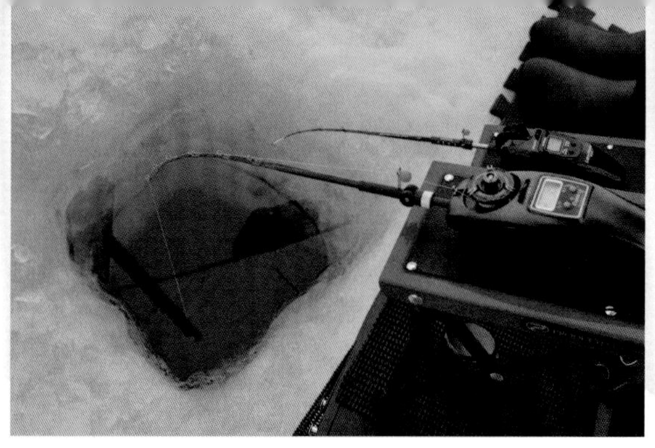
道内に管理されている氷上釣り場は20ほどあるが、30cm四方の穴はまずない。離せばサオを2本入れても意外に絡まない

何となく管理棟から遠いほど釣れそうな気がして、指定エリアの右奥にテントを設営する。スタッフに話を聞くと、週末は100〜200人訪れることもあるそうだが、平日のこの日、テントは8張り。もともと穴開けNGでアイスドリルによるプレッシャーがなく、そのうえ釣り人が少ないとなれば好釣果が望めそうだとほくそ笑む。

開始早々、底や底から50cmほど上のタナでポツポツ反応があり、昼までに50尾以上キャッチ。上手な方なら倍以上は余裕で釣っているだろう。サイズは前評判どおり4〜5cmのマイクロサイズが多く、大きくて7cmほど。サシは半分もしくは3分の1程度にカットするとよい。記者はラビットを半分に切って使った。

よく釣っていたおじさんのアドバイスを受け、午後から階段下の穴で再スタート。多点掛けで連続ヒットを味わった！

朝は白のラビットを使ったが、午後から桂沢湖の特効エサという紅サシにチェンジ。確かに釣果は上向いた

昼で500!?

昼休憩後、坂道の下に釣り座を構えていたベテランらしきおじさんと談笑。何と、すでに釣果は500尾を超えているそうで、親切に釣れている穴を教えてくれた。水深はおおむね3m前後。

その穴をのぞくと、ワカサギの群れが見えるほど浮いているではないか。サオを持ってきて仕掛けを投入すると、氷の直下でバシバシ反応がある。テントを移動するのも面倒なので、そのまま露天でねらうと軽く100尾以上ゲット。ほとんど沈める必要がない氷の直下だと手返しがよく、多点掛けもしばしば。最もアクセスが楽な場所が、この日一番の好ポイントだったとは……。

ベテランらしきおじさんは桂沢歴30年ほど。「ここは水道に利用される綺麗な水なので、釣れるワカサギは旨い」と胸を張る。やはりエサは昔から紅サシが定番なんだとか。ちなみに管理事務所で売っている手巻きのタックルを使用していた。表層で釣れるなら電動タックルにこだわらなくてもよさそうだ。

充分な釣果を得られ、午後3時過ぎに終了。アイスドリルやソリ、テント、それに電動タックルがなくても桂沢湖はやさしく迎えてくれるはず。

氷の直下に群れが回ってくると手返しがよく、あっという間に釣果が伸びる。サイトフィッシングも楽しめた

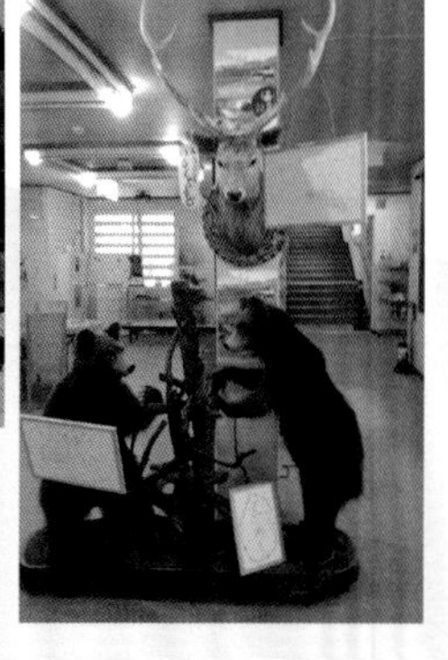
帰りに冷えた身体を温めるため『湯の元温泉』(三笠市桂沢94番地)に立ち寄る。中に入ると熊と鹿が迎えてくれ、日帰り入浴は大人500円。合鴨鍋が名物料理。桂沢湖の入漁証を見せると大人100円割引になる

管理事務所の近くにある綺麗なトイレは、女性と子どものみ使用可。男性は管理事務所の奥にあるトイレを利用する

桂沢湖のシンボル、恐竜像。この辺りから化石が多数発見されているという

厚真町

胆振の貴重なワカサギフィールド

三ヶ月沼

Mikazukinuma

Regulation
●遊漁期間：1月中旬～3月上旬(氷の状況などにより変動あり)
●遊漁時間：午前7時～午後5時
●遊漁料：1人800円(小学生以下500円)
●備考：釣りザオは1人2本まで。炭、練炭、撒き餌の使用は禁止
●問合先：向江豊司さん　TEL.01452-7-3410

Field Data
淡水
最大深度：約4m
魚種：ワカサギ、モツゴ、フナ、ウグイ

2018年の胆振東部地震で甚大な被害を受けた厚真町に40年ほど続くワカサギ釣り場がある。オープンするのは基本的に土日と祝日のみ。プライベートポンドで釣る雰囲気を味わえる。

震災後も釣果は上々

三ヶ月沼には第二種区画漁業権が設定されているが、漁業権者が個人という珍しいフィールドだ。現在の漁業権者は向江豊司さん。先代から引き継ぎ、釣り人のために40年ほど三ヶ月沼でワカサギ釣り場を管理している。

札幌からは沼ノ端西ICで下車して30分ほど。近郊は道内でも主要な馬産地。牧場を通って釣り場に向かうのは当地ならでは。なお、近くのコンビニは安平のローソンと厚真のセイコーマートで、どちらも車で15分ほど。

釣り場がオープンするのは基本的に土日と祝日のみ。厚真は胆振東部地震で被害が大きく、三ヶ月沼での釣りが心配されたが、ファンによると震災後も釣果は上々だそう。近年は3月1週目の土日が最終日となる場合が多いようだ。

水深は3～4m

駐車場から釣り場は至近で、坂道がなくアプローチはとても楽。沼の中央には島があり、赤いコーンから外は釣り禁止。本誌取材班は2月中旬に訪れたが、この日は25張りほどのテントが並んでいた。知る人ぞ知る釣り場で、情報が少ないせいか、釣り人は少なめ。ほかの釣り場に比べるとプレッシャーは低いだろう。

水深は3～4mで、右側が深い。ベタ底をねらうとモツゴなどが掛かりやすく、少し底を切るとワカサギの反応が増える。底バリは付けないほうがよさそうだ。後半は2m前後のタナでワカサギのアタリが多かった。

取材時の平均サイズは8cmほど、大きくて10cmアップ。水が濁っているせいか、釣れるワカサギは金色を帯びているように見える。矢野元基、愛実ご夫妻と同行していた長山直裕さんはこの日、シーズン3回目となる釣行。解禁日は200尾超え、2回目は130尾ほど、取材時は60尾以上釣っていた。ワカサギの放流が行なわれているので、今後も期待したいフィールドだ。

中央に見える島の手前がポイント。2月中旬の日曜でテントの数はこれくらい

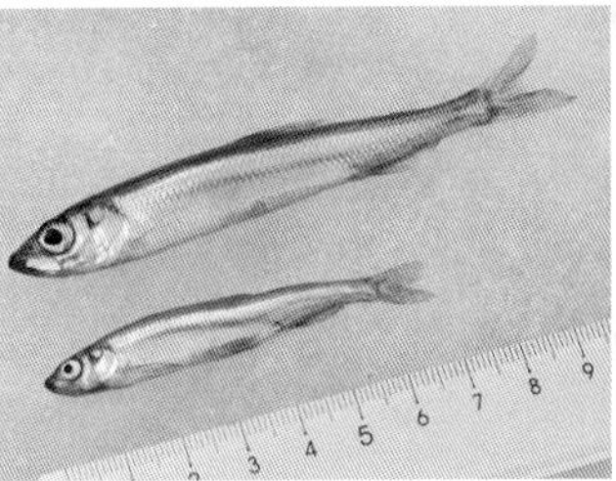
2月中旬、取材班が釣った最大魚と最小魚。水の色を映したような魚体が目をひく

苫小牧市の矢野愛実さん。冬はアイスフィッシングに夢中

矢野元基さんと長山直裕さん。この日は好調に釣っていた

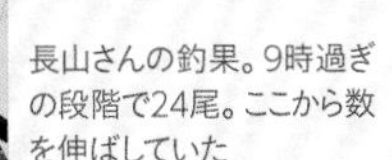
長山さんの釣果。9時過ぎの段階で24尾。ここから数を伸ばしていた

コイ科の魚がゲスト。ワカサギとは異なるファイトで楽しませてくれる

管理棟。右に簡易トイレがあるので、女性や子ども連れも安心して楽しめる

キーワードは「繊細」小型公魚と知恵比べ

白老町

ポロト湖

Lake Poroto

Field Data
海跡湖・淡水
面積：33ha
周囲：4km
最大水深：約8m
対象魚種：ワカサギ、ウグイ、ハゼ類、イトヨ類

インフォメーションセンター内にあるトイレは綺麗で、暖房が効いているのもうれしい。棟内では、わかさぎ釣りセット1,550円〜を販売しているほか、テントのレンタル（イス3脚付き）1日1,500円（事前予約がおすすめ）あり

文＝佐渡悠人（苫小牧市）
Text by Yasuhito Sawatari
Photo by Hiroki Hirasawa

2月中旬の土曜日で、テントは50張りほど。インフォメーションセンターの目の前が釣り場だ

氷の厚さでクローズも

白老町の街中近くにあるポロト湖は、道央自動車道の白老ICから車で10分ほど。駐車場は50台ほどのスペースがあり、管理された釣り場であることから家族連れにも人気だ。

解禁は例年どおりなら、1月中旬から2月初旬。2020年シーズンは1月25日（土）に解禁日を迎えたが、氷の厚さが不安定なことから2月1日〜3日はクローズになった。基本的に氷の厚さが20cmを超えると開場される。氷の状況については、白老町のホームページで情報を得られる。

駐車場の目の前がポイントで、傾斜も緩やかでアプローチは楽。遊漁券を取り扱うインフォメーションセンターにはトイレも完備されている。沖に設置されたポールから先は禁漁エリア。週末は家族連れでにぎわい、ワカサギ釣りの穴がいたる所に開いている。小さな子ども連れて行く場合は注意が必要だ。

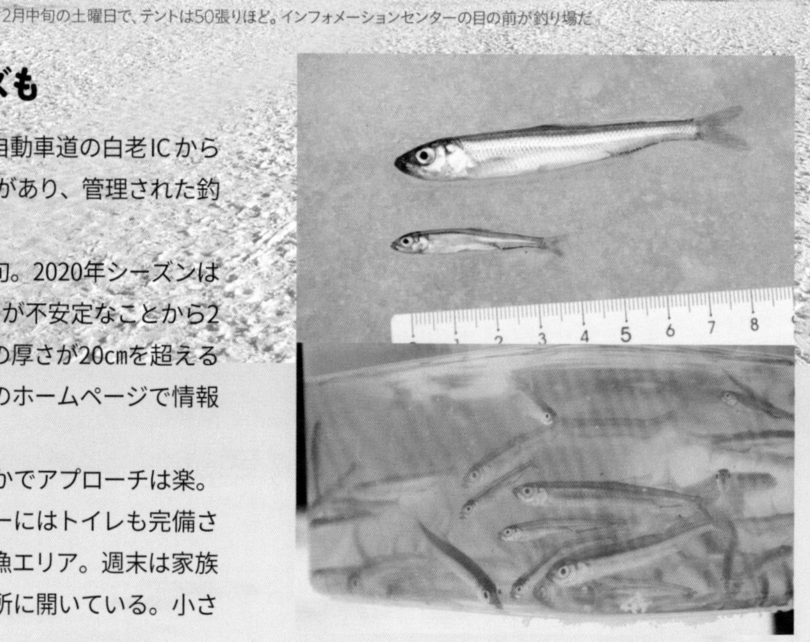

2020年シーズンのアベレージサイズは5〜7cm。取材時の最大は8cm、最小は4cm。4〜5cmのマイクロサイズが全体の2〜3割を占めた

この日は気温が高く、外で楽しむ人が多かった。奥に見えるのはオープン前のウポポイの施設

2020年『民族共生象徴空間ウポポイ』が湖畔にオープンしたことで、一躍脚光を浴びたポロト湖。アイヌ語で「大きな沼」を表わし、胆振周辺のワカサギファンに愛されている。

Regulation
- 遊漁期間：1月1日〜3月31日（氷の状況などにより変動あり）
- 遊漁時間：午前7時〜午後4時
- 遊漁料：1日500円（子ども200円）・シーズン券4,000円（子ども2,000円）
- 備考：管理棟がオープンするのは午前8時。レンタルタックルあり
- 問合先：白老観光協会　TEL.0144-82-2216
  インフォメーションセンター（管理棟）　TEL.0144-82-6755
  ※期間中は午前8時〜午後4時

釣り場までのルートは傾斜が緩く、ソリはネットを被せなくても問題なさそう。キャリーカートでテントなどを運ぶ人もいる

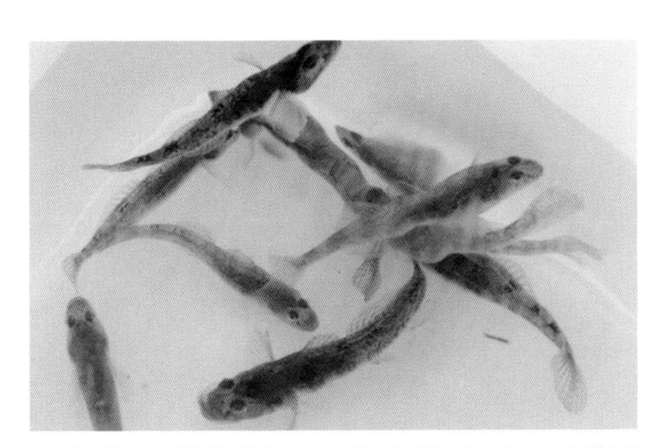

ベタ底を探るとハゼ類がよく掛かり、底から50cmほど切ったところでワカサギの反応が多くなった

苫小牧市で『創作ダイニング悠膳』を営む佐渡さん。道央エリアを中心に、氷上釣りを楽しんでいる。写真は別のフィールドで釣ったワカサギ
Photo by Yasuhito Sawatari

❶水深1.5～2m。浅場だが回遊に当たると好調に釣れる。朝イチがねらいめ
❷水深4～5m。ワカサギの回遊ルートで人気ポイント。釣り人も多い
❸水深6～7m。通年安定して釣れているポイント。底付近を探りたい
❹③のポイントと同様、通年人気ポイントで競争率が高い
❺釣り人が湖にアクセスするルート近く。人の行き来が多く落ち着かない
❻割りと空いているポイントで、ゆっくり釣ることが可能。釣果実績も高い

仕掛けは0.8号以下を

ポロト湖は数年に一度、豊漁年があり、その年に当たると比較的簡単に攻略できる。が、その反面、状況しだいではシビアな釣りになる。そんなときでも結果を出し続けている地元の方々の攻略法や、おすすめの仕掛けを紹介したい。

◎おすすめは袖バリ

ポロト湖は小型のワカサギが多く、繊細な釣りが釣果アップへの近道となる。仕掛けのハリは極力小さいものがよく、0.5～0.8号がベターだ。狐より袖バリのほうがバラシが少ない印象を受ける。

◎エサは3分の1にカット

エサは白サシをメインに、食い渋りのときは紅サシを織り交ぜたい。小型のワカサギに対して、エサは3分の1程度にカットして使用することが重要。サオも小さいアタリを取れる柔らかいタイプがよいだろう。

◎テント村が熱い

ポイントはその年や時期により変わるが、ワカサギの回遊ルートには釣り人も集まり、周りを見渡すと好ポイントが絞りやすい。釣れているポイント周辺にはテントが密集しているもの。だたし、隣のテントとの距離や騒音には配慮すべき。

ポイントとタックル

正面奥のポール際近く（④）は水深6～7mで、よく魚が溜まっているポイント（底付近を探ると稀に大型のウグイが掛かる）。中間地点の左側（②）は水深4mほどで、群れの回遊が多い印象を受ける。手前側（①）は水深2mほどで、入れ掛かりになることもあるホットスポット。ポイント選択が釣果を大きく左右するので、釣れないときは移動も視野に入れたい。

私は深場のポイントを好むため、電動リールを使用しているが、手前側から中間くらいまではそれほど深くないため、地元の常連は手ザオや手バネザオで釣っている。

アクションはさまざまだが、私は小さく2、3度誘い、2～3秒ステイさせてアタリを取っている。ポロト湖のワカサギはべた底に溜まっていることが多く、基本的にはボトムから釣りを展開する。とはいえ、大きな群れの回遊に当たると、上から下までワカサギだらけになり、しばらく入れ掛かりということも珍しくない。

最後に、私のタックルは次のとおり。リールはシマノ『レイクマスターCT-T』、穂先は同『レイクマスターSH S00R』、ラインは同『レイクマスターEX4 PE』0.2号60m。実績仕掛けはダイワ『クリスティア 快適ワカサギ仕掛けSS鉄板フロロ』袖型6本バリ0.5号、オモリは0.5～1号。

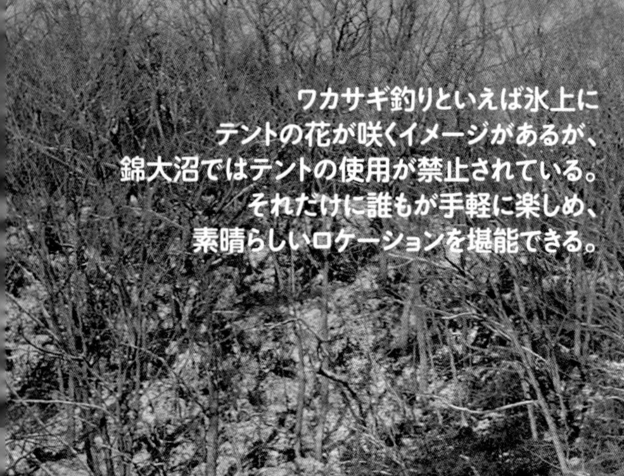

ワカサギ釣りといえば氷上に
テントの花が咲くイメージがあるが、
錦大沼ではテントの使用が禁止されている。
それだけに誰もが手軽に楽しめ、
素晴らしいロケーションを堪能できる。

Regulation

- ●期間：1月下旬〜3月上旬（氷の状況などにより変動あり）
- ●料金：無料
- ●利用時間：午前7時〜午後5時
- ●備考：テント、撒き餌禁止。火気は足付きのみ使用可。レンタルタックルなし
- ●問合先：苫小牧市都市建設部緑地公園課　TEL.0144-32-6509
錦大沼管理事務所　TEL.0144-67-5197（期間中のみ）

釣りは露天のみ 美しい樽前山を借景に

苫小牧市

錦大沼 Nishiki Onuma

Field Data

堰止湖・淡水
周囲：約3.5km
対象魚種：ワカサギ、ウグイ、イトヨ、ハゼ類

テントの使用は禁止

本書で紹介している釣り場なかで、名称に「沼」が付く数少ないフィールドのひとつ。湖と沼は厳密に区別されているわけではないが、環境省のホームページによると一般的には規模と水深で分けられる。湖は池や沼などより大きく水深が5〜10 m以上、沼は水深5m以下で底が泥深い湖沼を指すことが多い。

昭和52年に供用が開始された錦大沼公園は、錦大沼と錦小沼（周囲約1.6km）を含む総面積236.4haという広さを誇り、苫小牧市民の憩いの場として利用されている。樽前山によってできた堰止湖で、氷上釣りの舞台となるのは錦大沼。冠雪した美しい樽前山を借景にイトを垂れるロケーションは素晴らしい。

写真からも分かるように一番の特徴は、一酸化炭素中毒防止の観点から、テントの使用が禁止されていること。本格装備で挑むマニアは少ないが、絶景を前に釣りをするのはじつに気持ちがよい。

管理事務所。すぐ近くに綺麗なトイレがある

2019年と2020年シーズンは、1月25日にオープンしている

150台ほどが停められる駐車場から（写真左）、原生林の中を歩いて釣り場に向かう（写真右）

近隣には温浴施設『ゆのみの湯』(苫小牧市字樽前421-4)がある。営業時間は午前10時～午後10時、日帰り入浴は大人600円、小学生300円

よく晴れた日は抜群のロケーション。道央自動車道を利用して札幌から1時間圏内

静かにイトを垂らす地元のベテランの姿も見られるが、土日は子ども連れが多いようだ

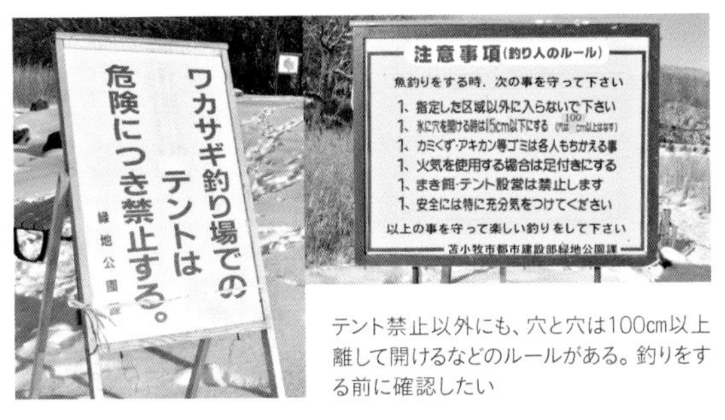

テント禁止以外にも、穴と穴は100cm以上離して開けるなどのルールがある。釣りをする前に確認したい

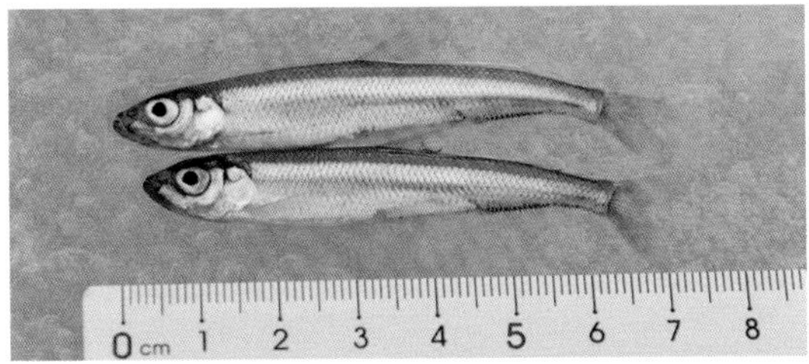

取材時に釣ったワカサギは5～7cmが大半。湧き水育ちで、昔から「美味しい」と評判だ

底を探るとトゲウオの仲間が食い付いてくる。この日は底から少し上のタナをワカサギが回遊していた

シーズン後半は沖め

釣りは無料で楽しめるが、大きな駐車場とトイレもあり、管理人が常駐していて、ファミリーやビギナーでも釣りを満喫できる。ただ、釣り具のレンタルはなく、サオやリール、エサなどは必携。管理事務所ではアイスドリルの貸し出しのみ行なっている。

駐車場から静かな原生林を抜けて釣り場に向かう。釣り可能なエリアはロープで示されていて、1月下旬の開幕日に訪れたときは、子ども連れのファミリーを中心に大勢の釣り人でにぎわっていた。昼近くに釣り場に着くと、それなりの数の釣り穴は開いていて、アイスドリルがなくても問題なかった。腕章をしたスタッフが巡回しているので、分からないことがあれば聞いてみよう。

常連さんによると開幕時は手前側のほうでも釣れるが、シーズンが進むにつれ、ロープ際の沖めで釣果がよくなる傾向があるという。手前側は水深2mほどだが、沖めは5mほどと深く、気温の高い日なら電動タックルで釣るのもよさそうだ。仕掛けは1号前後が適している。

この日、よく釣っていた人で60尾ほど。ワカサギは7cm前後の魚体が多いが、10cm級も見られた。取材班も電動タックルで挑戦したが、底をダイレクトに探るとトゲウオなどの外道が反応しやすく、底から1mほど上のタナでワカサギがよく掛かった。そのほか、ウグイやハゼの仲間もサオを曲げた。湧き水が水源になっている錦大沼のワカサギは「クセがなく美味しい」と言われ、手バネザオで楽しむベテランのファンも少なくない。

2019年と2020年は1月25日に開幕したが、過去には暖冬でオープンしなかったシーズンもある。釣行する前に釣り場の状況を確認したい。

誘いのベーシックと裏技

数を伸ばすために！

解説＝佐々木大（釧路市）
Comments by Takashi Sasaki

ここまでフィールドの概要とエキスパートのタックルを紹介したが、ここでは基本的な釣り方に加え、食いが渋い時間帯に有効な一手を解説。めざせ、快釣！

基本は底ねらい

ワカサギ釣りの基本は、オモリを湖底に着けて誘う底釣りになる。これは、どのフィールドでも共通しているだろう。オモリが底に着いたら、イトを張った状態でサオを構え、サオ先を揺さぶって仕掛けに動きを与えて誘う。アタリを待つときは、イトを張った状態のほうがアタリは明確にサオに出る。アタリがあったら間髪入れず素早く合わせたい。アタリが多発する時間帯なら、このスタイルで充分釣りになる。しかし、そんな幸福な時間はそう長く続かない。

たるみをつくる

バレてしまったワカサギが不信感を抱くのか？　食事時間が終わって満腹になるのか？　その真偽は分からないが、しだいについばむような小さなアタリになり、ハリ掛かりしにくくなる。ワカサギはエサを捕食する際、かじるというよりも吸い込むように食べるらしい。イトを張っているとアソビがない分、サオ先に明確なアタリが出るが、エサをついばむだけでハリが口もとまで届いていないアタリまで拾ってしまうようだ。

そんな状況になったら、底にオモリが着いた状態で、イトにたるみをつくるとよい。すると、掛からなかったアタリが乗りやすくなる。これは、ワカサギがエサを吸い込んだときラインにアソビがある分、エサが口の奥まですっぽり入るためと考えられる。慣れてくれば、たるみを長くすると、さらにエサの吸い込みがよくなるが、アソビが多くなる分、アタリが分かりにくくなる。アタリが判別できる範囲でたるみ具合を調整したい。

中間オモリで食い渋りを克服

日中、アタリが遠のいたり単発になると、アタリそのものが小さく分かりにくくなる。そんなときは、中間オモリを使用するとよいだろう。

仕掛けの最上部に中間オモリとなるガン玉を装着すれば、ミチイトはガン玉の重さでたるみが取れ、仕掛けだけをたるませることができ、ワカサギはエサを吸い込みやすくなる。また、中間オモリを付けないときに比べ、サオ先からオモリまで全体のたるみが少ない分、エサを食ってからサオ先にアタリが出るまでの時間が早くなりフッキングもよくなるはず。

さらにたるませると、ガン玉が沈もうとするので、仕掛け全体を底付近に這わすようにするのも可能。うまくいけば、激渋でも2～3尾掛かるのも珍しくない。ただし、やりすぎると根掛かりの原因になるのでほどほどに。

中層釣りとアワセについて

魚探を使用していれば、中層で釣りをする時間が長くなるはず。小さな群れだと通りすがりで少ししかいない場合もあるが、一日に何回か

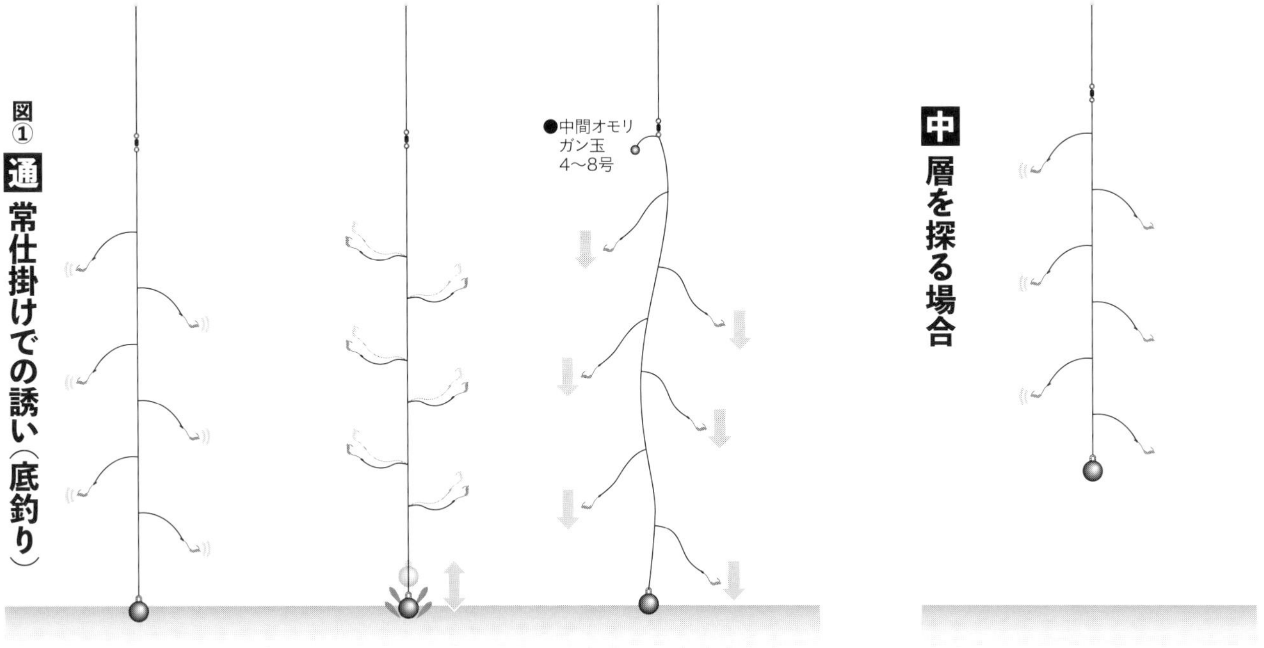

図①

通常仕掛けでの誘い（底釣り）

●中間オモリ
ガン玉
4〜8号

中層を探る場合

Ⓐオモリを着底させたまま、1〜3㎝幅でラインのたるみを利用してアクションを加える。または、電動リール本体を小刻みに叩くように動かし、トゥイッチやシェイクに近いアクションを加える

【アピールさせたいとき】

Ⓑオモリを底から1〜2㎝上げてから、オモリを底に叩きつけるように落とし、仕掛け全体に派手な動きを与える

【アタリが小さくなったとき】

Ⓒ中間オモリを仕掛け上部に付け、仕掛けをたるませてエサが漂うさまを演出してアピール。この方法だと食い込みがよくなる。誘いの動作はAが基本

底釣りのときよりもオモリは軽くする。中間オモリは付けない

チャンスは巡ってくる。そのタイミングで数尾稼げば、釣果はけっこう変わってくる。

仕掛けを確実に反応が出ている層に合わせるには、電動リールのタナ表示を参考にするのがベター。タナが分かったらスプール部に付いているイト止めにラインを掛けると、次に仕掛けを落とすとき自動的にラインが止まるので手返しがよくなる。

中層ねらいで注意したいのは、底釣りよりも掛かりが悪いこと。オモリが重すぎるとラインにアソビが出にくく、アタリがあっても乗らないことがしばしば。それを解消するにはオモリを軽くする。たとえば水深10m前後のポイントなら、底釣りは5〜7g、中層釣りは2〜4gがよいだろう。

なお、中層のアタリは手首のアワセだけでなく、リールのボタンを押しながらの巻きアワセが有効。底釣りでも使えるテクニックだが、ラインの伸びがあるので中層よりは掛かりが悪い。底釣りのときは素早く、挙手するように合わせたい。

中間オモリのシステム

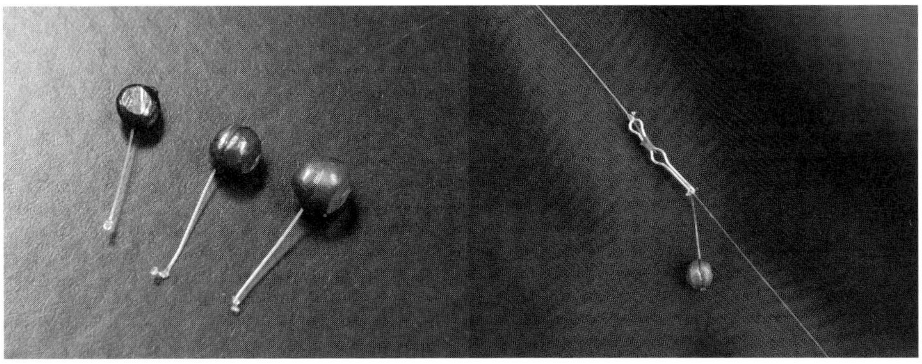

中間オモリとして活用するガン玉。サイズはサオの硬さなどにもよるが、4〜8号を用意したい。長さ1㎝ほどのテグスを通してガン玉を潰し、テグスの先端はライターであぶってコブをつくる

通常の仕掛けは上部にスナップスイベルが付いているが、それを外して自動ハリス止めに交換。中間オモリを自動ハリス止メに装着する。このシステムだと脱着が簡単なうえ、数種類の重さを用意しておけば、より渋い状況にも対応できるのがよい

ロングハリスという選択肢

特にアタリが遠のく日中など、渋い状況を打開する策として、近年はロングハリスの仕掛けが注目されている。その名のとおりハリス（枝ス）が通常より長い仕掛けのことを指す。通常、ワカサギ仕掛けのハリスの長さは2.5〜3㎝だが、“ロングハリス”や“長ハリス”とうたう仕掛けは4〜5㎝。

ロングハリスの特徴として、幹イトとハリスの結束部からハリまで距離があるため、誘いの動作でサオ先を小刻みに動かしても、通常の仕掛けよりハリとエサが連動して機敏に動く感じがしない。機敏に動かずに水中をふわふわ漂うエサに対し、ワカサギは食欲がそそられるらしい。サオ先を頻繁に動かし、ハリやエサに動きを与えるのではなく、あえて自然に落とす、あるいは漂うようすを演出することで、スレたワカサギが興味を示すようだ。

図② ロングハリスでの誘い

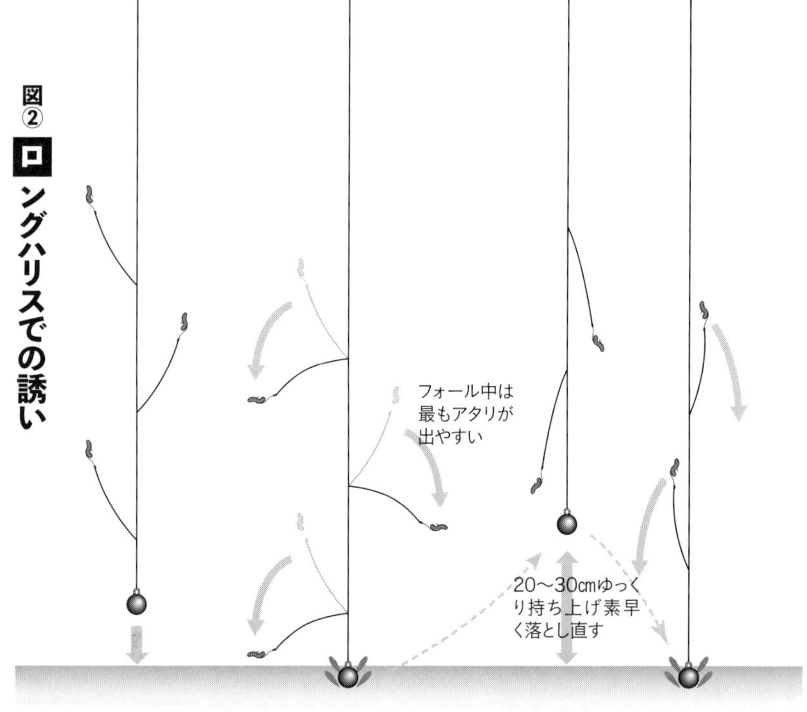
フォール中は
最もアタリが
出やすい
20〜30㎝ゆっく
り持ち上げ素早
く落とし直す

Ⓐ沈下時、ハリスはバンザイ状態で落ちる

Ⓑ着底後、ハリスはゆっくり時間をかけて漂うように沈下する。このときがヒットチャンス（着底後5〜10秒の間）

Ⓒ5〜10秒待ってもアタリが出なかったら、サオ先を20〜30㎝ゆっくり持ち上げ、A〜Bの過程を繰り返す。それでもアタリがない場合、前ページの通常仕掛けでの誘いを組み合わせる。20〜30㎝ゆっくり持ち上げ、素早く落とし直す

ラインはPEが主流

電動リールの普及とともに、伸びが少ないことでアタリが明確に出るPEの愛用者が増えている。現在の主流は0.15〜0.3号。細イトの利点として、アタリが出やすい、仕掛けの落ちが速いという2点がある。ただ、外だとすぐバリバリになり、使いものにならない。テント内での使用が前提になる。

写真はダイワ『クリスティア　ワカサギPEⅢ』。水の吸い上げを大きく抑え、リールスプール部が水浸しにならない。5mごとのカラー変化でタナ取りが分かりやすい。1mマーキング（黒）付き

実際に使ってみると分かるが、魚が食った際に違和感が少ないのか、エサをくわえている時間が長い。通常の仕掛けを使用した際のハリ掛かりに気づいてサオ先に「ビクビク」くるアタリではなく、エサを食ったまま泳ぎだしたような「ガクン」とお辞儀する出方のアタリが多い。こうしたアタリの場合、多少アワセが遅くなってもフッキングはよい。比較的口の奥にハリ掛かりしていることから、何の疑いもなくエサを飲み込んでいるのかもしれない。

渋いときの誘い

渋いときは次のような誘いが有効だ。どんな仕掛けを使用しても、図②Aのようにハリスがバンザイした状態で落下する。そして、オモリが着底したと同時に、ゆっくりと腕を下げるように漂いながら沈下していく。ロングハリスが真価を発揮するのはその瞬間。通常の仕掛けよりも沈下速度が遅く、ここでアタリが出ることが多い。着底後、5〜10秒は集中したい。

ハリ先が落ちきった頃を見計らい、オモリを底からゆっくり持ち上げ、再び素早く着底させて図②AからBの過程を繰り返し、アタリが出やすいスローフォールでワカサギを誘う。それでもダメなら、通常の仕掛けによる底釣りの誘いを組み合わせる。前述のとおり、通常の仕掛けよりも機敏に反応してくれないことをふまえ、あえてサオ先を動かさず、漂わせることを重視して演出するのも有効だろう。

しかし、よいことばかりではなく、次のような短所もある。魚が暴れるとつかみにくく、ハリから外す際に慣れていないともたつく。水深が深すぎるとアワセをしっかり入れないと乗りにくい。ハリスに張りがなくなり幹イトに絡みやすい。ハリスが縮れやすいなどだ。

掛かりが悪くなったり、ハリスが縮れたり、幹イトに絡み出したら、絡んだ部分をカットしてハリス付きバリに替えるのがおすすめ。それが面倒なら、思い切って仕掛けを新しいものに交換したい。

通常の仕掛けより扱いが難しそうと感じるかもしれないが、釣れない時間帯に大きな味方になってくれるのは間違いない。

電池とオモリの関係

電動タックルは「電池の持ち」が気になるが、オモリをタングステンにすることで多少持ちがよくなる。小さくても重いタングステンのオモリだと、鉛よりも軽いウエイトを使えるのが利点。わずかな重量差とはいえ、少しでも軽いほうが電池の消費は抑えられる。なお、予備の電池は3セット用意すれば万全。朝、昼、夕と交換すれば、まず問題なく使える。

写真はブロックス『攻棚ワカサギタングステンシンカー』。イトヨレを軽減するスイベル付き。本体サイドに下バリがセットできる自動ハリス止メも付いている。形状はアタリが出やすいドロップ型

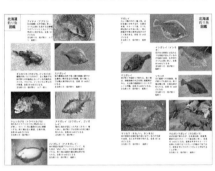

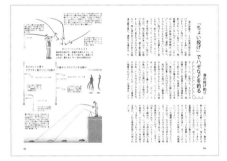

I･STYLEからリリースされている電動ドリルの補助器具『ドリル オーガ コンバーションキット』。左右のバーを両手で持って行なうことで、真っすぐ安定して穴を開けることができる

メーカー	品 番
マキタ	DF458DRFX
	HP458DRFX （これは振動ドリルとしても使えるが、刃を痛める危険性があるので、ドリルドライバーモードで使用すること）
パナソニック	EZ7450
日立工機	DV18DBL
ボッシュ	GSR18VE-ZLI

穴開けがラクラク♪

アイスドリルの電動化

近年、釣り場で電動ドリルを使っている人をよく見る。「あれは市販品？」と思っている人もいるようだが、ホームセンターに並んでいる電動ドリルに一般的なアイスドリルを接続している場合がほとんど。接続法や注意点などを佐々木大さんにうかがった。

アイスドリルと電動ドリルの接続法

◀電動ドリル
私が使っているのは、マキタ『HP458DRFX』。メーカーによっては同じような電動ドリルに見えても、品番で仕様が異なるので注意したい

◀アダプター
ここではブロックス『アイスドリル電動用アダプター』を使って解説しているが、最新モデルとして同『アイスドリル電動用ベアリングアダプターⅡ』（P41で紹介）が販売されている

01 電動ドリルは、市販時の状態だとチャック部が閉まっている

02 アダプターの径（推奨している商品は10㎜）に合わせてチャック部を閉める

03 アダプターを差し込む

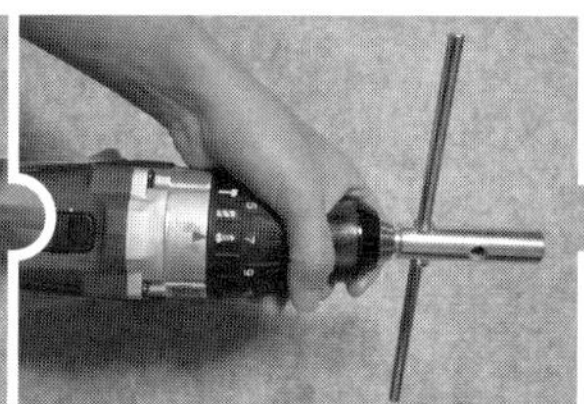

04 チャック部を手で握り、電動ドリルのスイッチ引き金を少し引き（全開にはしないこと）、チャック部を閉めてアダプターを固定する

05 アダプターを固定する際は、ケガ防止のため赤い矢印が指すネジ閉めモードで行なう

06 氷に穴を開ける際は、赤い矢印が指すドリルモードで行なう

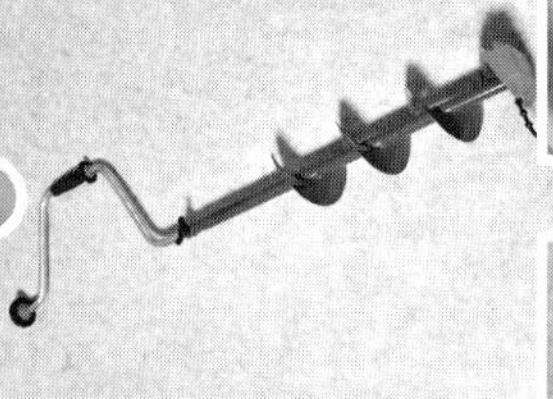

07 接続するアイスドリル

08 取っ手とアイスドリル本体を接続しているネジを外す

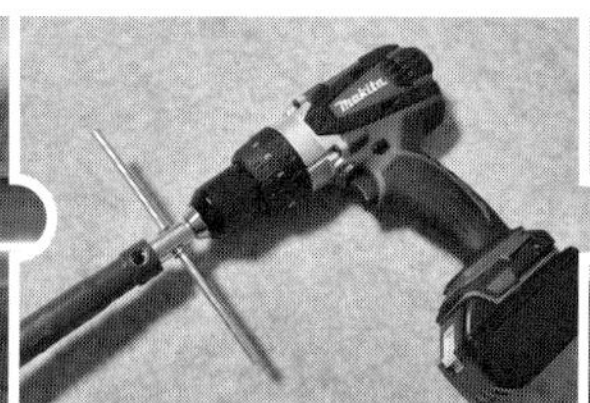

09 ネジを外したら、アダプターにドリル本体を差し込む

10 アダプターの穴と、アイスドリルの穴を合わせて……

13 ハンマードリルモードを使用するのもNG

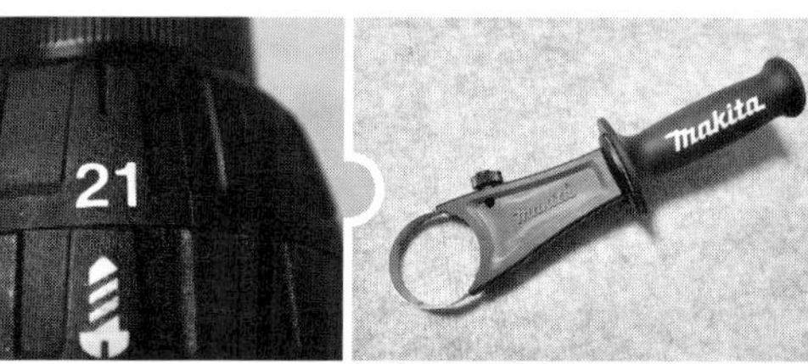

14 数字は回転トルクを表わす。アダプターを取り付ける際は、ネジ閉めモードで9以下の回転トルクで行なうと安心。一方、氷に穴を開ける際は、ドリルモードの9以上で行なう

15 付属している補助ハンドル

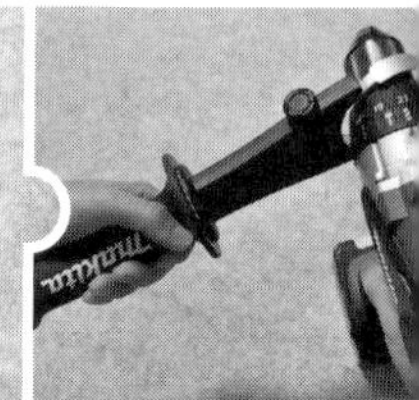

16 電動ドリルに補助ハンドルを差し込む

汗だくになって穴を開けるのも氷上釣りの醍醐味とはいえ、この方法で一度でも行なうと超ラクチンでやめられなくなる

写真・解説=**佐々木大**（釧路市）
Photo & Comments by Takashi Sasaki

18ボルト以上を

最近、電動化したアイスドリルについて聞かれることが本当に増えました。それだけ、皆さんの注目度が高いようです。わずかながら市販品があるほか、エンジン式のタイプもありますが、いずれにしてもけっこうなお値段。そこで、電動ドリルに通常のアイスドリルを接続している方がほとんどです。電動ドリルなら日曜大工などにも使えるからでしょう。

まず、電動ドリルといっても、インパクトドリル、ハンマードリル、振動ドリルなどがあり、アイスドリル用として使えるのはドリルドライバーだけです。それ以外のドリルを使うと、アイスドリルの刃を傷めたり、変形させてしまう恐れがあります。

ドリルドライバーにもパワー（ボルト数）があります。北海道は氷が厚く、穴を1m以上開けなければならないこともあるので、18ボルト以上が好ましいです。

また、ドリルの回転には低速と高速がありますが、氷に穴を開けるときは低速モードで行ないます。高速モードだとアイスドリルの刃を傷めたり、手をケガする恐れがあります。

さらに、両手で電動ドリルドライバーを支えられるよう、補助ハンドル（サイドグリップ）が付属しているものが多いです。安全面からも補助ハンドルは必ず装着しましょう。

主なおすすめ電動ドリルは別項の5機種。いずれも補助ハンドルが付属しています。値段はバッテリー付属で4～9万円。メーカーによってはバッテリーが2個付属されている機種もありますが、そうでなければスペアを用意するのが無難です。低温化だとバッテリーの持ちが悪いので。上記以外でも18ボルト以上であれば大丈夫です。

では、電動ドリルとアイスドリルをどう接続するか。いくつか方法がありますが、釣具店で入手できるプロックスのアタッチメント『アイスドリル電動用ベアリングアダプター』を使うのがイージーです。ただ、このアダプターはすべてのアイスドリルに対応するわけではありません。同社の製品または、ダイワ『アイスドリル　レギュラー FL15C』などが対応します。

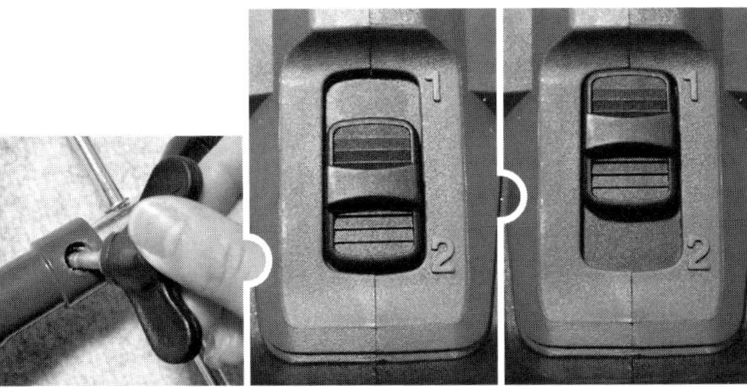

11 08で外したネジで固定する

12 メーカーによって表示は異なるが、今回使用した電動ドリルの場合、2は高速モード、1は低速モードを示す。2の高速モードにすると、ケガをしたり、ドリルを破損させる危険性があるので使用しない

17 補助ハンドルのノブを時計回りに回転させて固定する

18 このように持つと手首を痛めにくい。なお、氷に穴を開けるときは時計回りで。アイスドリルを抜くときや、氷が噛んでしまった場合は、電動ドリルの回転を反転させて使用する

写真・解説＝佐々木大（釧路市）Photo & Comments by Takashi Sasaki

暖かく過ごせるマットを作ろう

発泡断熱材を使う

ベテランになるほど「お座敷スタイル」を導入している方が多い。ほぼ移動せず、1ヵ所で終日釣り続けるのが氷上釣り。同じ姿勢で数時間、電動タックルを手にしていると、首、肩、腰がバキバキになりがち……。そこで、足を伸ばしたり体勢をすぐに変えられる、お座敷スタイルの人気が高くなった。

そのスタイルを導入するなら、断熱マットを使用する方法がおすすめ。底冷えを抑えられる建築用の発泡断熱材を地面に敷くと、その暖かさに感激するだろう。テントサイズによって成型する必要はあるものの、それほど難しくなく費用も安価で済む。ここでは、北海道の氷上でよく見る『コールマン アイスフィッシングシェルターオート』Lサイズ用に考案した、マット製作の手順を紹介する。

1 建築用の発泡断熱材を使用。ホームセンターなどでカネライトフォーム、スタイロフォームなどの商品名で売られている

2 サイズはいろいろあるが、縦約91cm、横約180cm以上のものが多い。重要なのは、厚さ5cm以上あること。5cm未満だと座ったときに割れやすい

3 簡単にカットするのに発泡スチロールカッターを用意したい。ホームセンターによっては、カットのサービスが受けられる店舗もある。相談してみたい

4 横182cmの半分、91cmでカット。私はテント内で収まりがよいように、片方の角をカットしている。テントを設営して壁面に合わせ、カットする角度を好みで調整したい

5 カットした91cmを、さらに45.5cmずつの半分にカット。182cmを4枚に分ける

6 こちらもホームセンターで売っているカーペットの下に敷く銀マット。カットした建材用発泡断熱材の補強、接合、クッション材として使用する

7 左半分を一組、右半分を一組とし、カットした断熱材と同じ大きさに銀マットをカット。私は座面が滑るのが嫌なので、表面となる銀色の部分を裏返しにしている

8 銀マットが弛まないようにテンションを掛けながら、断熱材の端に布テープで仮止めしていく

9 止めが終わったら、四方をしっかりと布テープで補強して完成。銀マットを表面に貼ることで、2枚にカットした断熱材が接合され、二つ折りにして持ち運べる。ソリで運ぶときに便利

・●● 使用例 ●●・
91cm×91cmの断熱材2枚の間に、60cm×91cmの断熱材を合わせ、横約242cmの座面を2セット。テント中央部に一列に穴を開けて釣るスタイルに合う

オホーツク海ならではのターゲット。上からチカ、コマイ、キュウリウオ

オホーツク、もうひとつの楽しみ

コマイ・チカ・キュウリ釣り

汽水湖の能取湖やサロマ湖などでは、海でおなじみの魚が氷上からねらえる。サイズは15～30㎝あり、釣りごたえは充分で、食べても美味。これも北海道ならではの氷上釣りだ。

Photo & Text by Ryo Kobayashi

海に近い汽水湖

氷上釣りで最もポピュラーなターゲットはワカサギ。これは道東オホーツクエリアでも例外ではなく、網走湖などにはシーズンになると多くの人が訪れる。その一方で汽水湖の能取湖やサロマ湖などにおけるコマイ、チカ、キュウリウオ釣りも根強い人気がある。

能取湖やサロマ湖の湖水は塩分濃度が高く海水に近い。そのため、海の魚が多数生息している。網走湖は汽水湖とはいえ、湖水の塩分濃度はそれほど高くない。私は実際に舐めてみたが、しょっぱくはなかった。網走湖と能取湖は隣接していて、近い場所だと湖岸との距離は3㎞も離れていない。それなのに環境が大きく異なるのはじつに興味深い。

ところで能取湖は以前、内水面の扱いで遊漁規則が設けられていたが、平成30年9月1日から海面に指定された。以後、遊漁料は掛からないが、釣行の際は氷厚に充分留意して安全第一に楽しみたい。おおむねシーズンは1月中旬から2月下旬。

カジカも稀に釣れる。塩分濃度が高い湖では何が釣れるか分からないのも魅力

石田さんがキャッチした良型。ジグヘッドで底を叩いて誘い続け、数を伸ばしていた（写真左）
こちらはブラーでキャッチしたグラマラスなコマイ。釣り人は石狩市の北條正史さん（写真右）

仕掛け

チカ、キュウリウオはサビキ仕掛けでねらう。市販品は浅い水深に合わせて全長を短く詰める

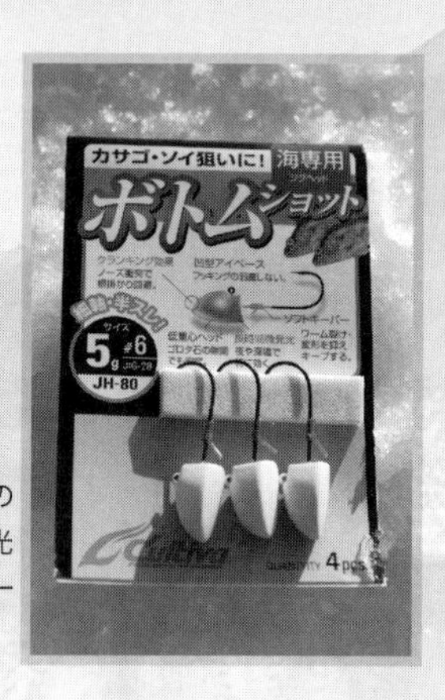

ジグヘッドは5g程度の軽量タイプでOK。夜光カラーのヘッドでアピールするのもよいだろう

2人での釣行ならテント内のレイアウトはこんな感じ。奥の置きザオはコマイ用

釣り方＆タックル

◎コマイ

能取湖の場合、テントを設営してねらう人が多い。最大40cmクラスの「オオマイ」が期待できるコマイ釣りでは、テント内での取り回しを考えると120cm前後のルアーロッドが使いやすい。リールは小型のスピニングまたは両軸タイプ。ミチイトはナイロン2～3号。オオマイが来たときにラインを持ってあげることを想定し、太めを選ぶと安心だ。仕掛けはドウヅキ2本バリ、ブラーやジグヘッドなど。エサはイソメが一般的。

◎チカ

チカには約60cmのワカサギ用のサオが好適。あまり繊細なものより、グラス素材などの強めがベター。能取湖は平均水深が浅く、魚種を問わず水深60～80cmのポイントで釣れる。そのため、リールの機能性はそれほど重要ではなく、手バネザオでも大丈夫なくらいだ。仕掛けはハゲ皮付きなどのサビキが無難。ハリにサシを付けるのも有効だ。

◎キュウリウオ

タックルや仕掛けはさまざまだが、キュウリウオはコマイ用、チカ用、どちらの仕掛けも食ってくる。サビキ仕掛けのオモリをブラーなどにすれば、3魚種すべてをねらうこ

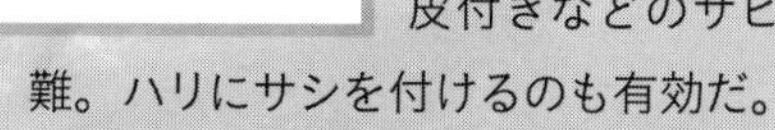

能取湖は基本的に遠浅ゆえ、ポイントは沖めになる

水深が浅く、冬は潮が澄んでいるので、穴を覗くと底まで丸見えだ

湖底はこんな感じ。アマモなどの海藻類が茂っている場所が有望だ

とも可能だ。

◎**アドバイス**

なお、どの魚を釣るにしても、寄せエサは有効。釣果アップのキモは「コマイは誘いを入れること。置きザオで釣れることもありますが、反応の多さが全然違います。ジグヘッドやブラーで底を小突くと、砂や撒いた寄せエサが舞い上がりますが、それに興味をもって寄って来るようです。これは間違いない、なんせ丸見えですから……」とは取材にご協力いただいた石田将人さん。

時間帯も重要だ。「コマイがよく釣れるのは朝。昼にアタリが遠くなるパターンが多いので、午前中がおすすめです。あと潮回りも意識したほうがいいでしょう。干潮の潮止まり前後にパッタリとアタリが止まることが多々あります」。水深の浅いポイントだけに、潮位が下がる時間帯はあまりよくないようだ。

サロマ湖水系でも

能取湖の氷上釣りポイントは能取新港周辺、卯原内川河口、平和沖、能取湖畔駐車場沖、能取漁港二見ヶ岡地区周辺などが人気。なお、汽水湖ゆえ、淡水に比べると結氷が遅く、解氷が早いのでシーズンは短め。コマイは産卵期以降になると釣果が落ちるため、釣行するなら1月中旬から下旬がベター。遅くても2月前半までだろう。

能取湖だけでなく、北海道最大の湖で全国でも3番目の規模を誇るサロマ湖も面白い。こちらはチカ、キュウリウオがメイン。ポイントは本湖のほか、佐呂間別川も実績が高い。サロマ湖水系のポイントは能取湖よりも水深が深いこともあり、露天で長いサオを使い、穴から距離を取ってねらうスタイルの人が少なくない。仕掛けはチカにはサビキ、キュウリウオにはドウヅキ式が有効で、後者はサンマを小さくカットして付けたりする。

コマイ、チカ、キュウリウオねらいの氷上釣りの魅力は食味に加え、引きの強さだろう。ライトなサオで挑めば釣り味を存分に満喫できる。魚種を問わず寒干しなどでいただくと絶品。海でおなじみの魚が氷上でねらえるのは北海道ならでは。ぜひ挑戦していただきたい。

エサ選び

●**チカ**
サビキ仕掛けならエサなしでも釣れるが、サシを付けると集魚効果が期待できる

●**コマイ**
コマイのエサはイソメが定番。ただし、生だと凍りやすく、塩イソメが重宝する

●**キュウリウオ**
キュウリウオには投げ釣りで使われるサンマ、ソウダガツオなどの身エサが有効

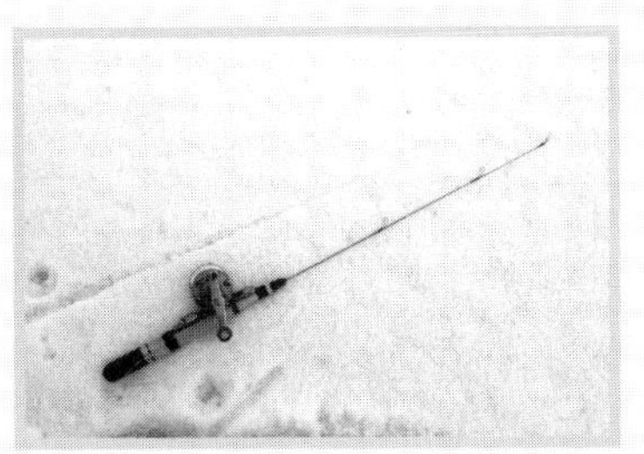

チカ釣りのサオは硬めのワカサギ用がマッチ。リールは小型サイズならスピニングでも両軸でもOK

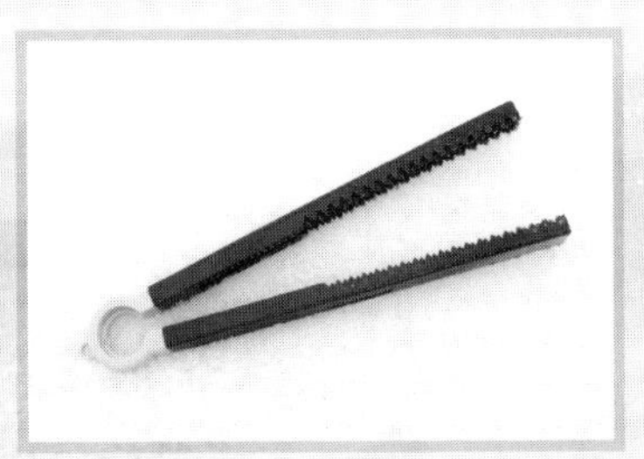

釣った魚をつかむためのフィッシュグリップ、トングがあると重宝する

状況がよい日ならコマイの数釣りが楽しめる。大きな入れ物が必要だ

釣れるチカは良型ぞろい。一夜干しなどでいただくと格別だ

冬の網走周辺は雪が少なく、穏やかな天候の日が多いのもうれしい

能取湖畔駐車場沖は人気ポイント。駐車場にトイレがある

佐呂間別川の風景。穴から離れて長いサオで釣るスタイルで挑む人が多い

鱒釣りはいかが？

外釣りでねらう好敵手

テント内では釣らない

小さなアタリを見逃さずにアワセを入れ、ワカサギが付いた感触を得て仕掛けを巻き上げてくる途中、突如として強烈な引きに変わり、穂先が根もとから曲がってあわてた経験がある人もいるだろう。マスが生息する湖沼では、釣ったワカサギを横取りされることは珍しくない。そのサイズが大きいとラインを切られたり、何とか穴から出すことに成功しても仕掛けをぐちゃぐちゃにされたり……と、いろいろ厄介。

しかし、冬はワカサギだけでなく、湖沼型サクラマスも美味しい季節。両者が生息する湖沼なら、「どっちも釣りたい！」と思うのも無理はない。

氷上釣りを長年楽しんでいる中上級者のなかには、テント内でワカサギ釣りをやりつつ、外にマスねらいのサオをだしている人もいる。テント内でどちらも釣ろうと欲張るとトラブルは避けられない。マスが掛かると、とにかく走る。狭いテント内だと、全員の仕掛けが絡んで大変なことになるだろう。テントから5m以上離した外にマスねらいのサオをだすのが基本だ。

鱒▷スタイル

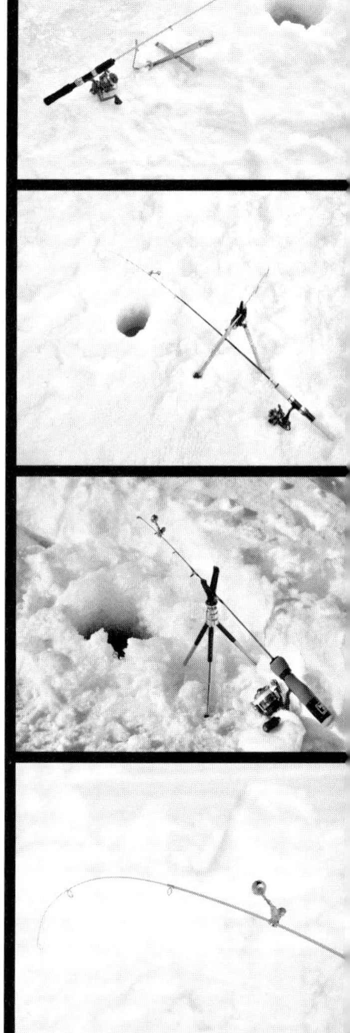
（写真上から）氷上釣り用の金属製サオ置きと、長さ60㎝・硬めの氷上タックルでねらう人／堤防釣り用の小型三脚と、1.6m以上ある個性的な氷上ロッドを縮めて使う人／ブロックスのワカサギ用『のびるチョット三脚』と、55㎝の穴釣り用ロッド／鈴は本来、穂先にセットするが、繊細な氷上釣り用などは固定するのが難しく、トップガイドから少し離した位置に付ける

Photo & Text by Hiroki Hirasawa

●オモリ
帯広市の佐藤博之さんは、両環オモリを使用。ミチイト側はスナップを介して接続している

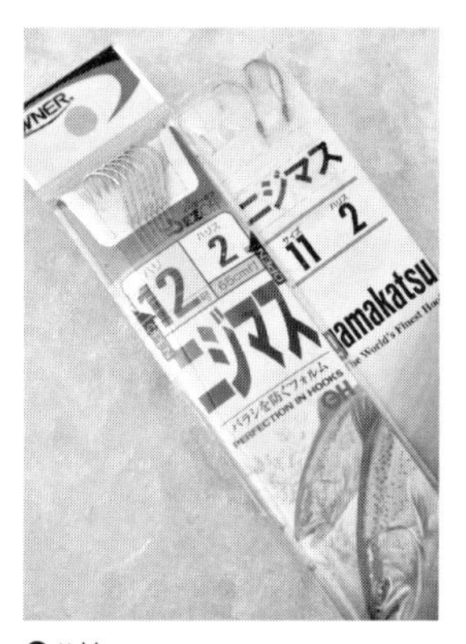

●ハリ
道内の釣具店で入手しやすいニジマスバリなら、ハリス2号以上の11～12号が適している

取るためのタックル考

◎鈴を忘れずに！

大きくても15㎝ほどのワカサギに対し、サクラマスは30㎝前後のサイズが普通。そのため、一般的なワカサギ用ロッドだとランディングするのは難しい。氷上用でも長めかつ硬めのタイプや、短いトラウト用もしくは穴釣り用が適している。具体的には、長さ60㎝から1.2m程度のスピニングタイプがベター。

外にサオを放置することになるため、魚が掛かったことを知らせてくれる鈴は欠かせないアイテム。投げ釣り用に市販されている物が使える。外から「チリン、チリン♪」という音が聴こえたら、迷わずダッシュして駆けつけよう。

◎ナイロンを巻く

気温の低い外でサオをだすことから、ラインは凍ってもトラブルが少ないナイロンの6～12ポンド（1.5～3号）が適している。スピニングリールは氷上釣りのセット物でもよいが、大型のアメマスやニジマスも棲む湖沼ならドラグ性能のよいタイプがよいだろう。タックルごと持って行かれないよう、ドラグはやや緩めにしておきたい。

◎サオ置きは必須

氷上でも地べたにサオを置くのはNG。小型の三脚や氷上釣り用のサオ置きを使いたい。大ものが掛かってタックルを穴の中に引きずり込まれるのが不安なら、尻手ロープなどを活用してサオ置きとつなげたい。

釣ったワカサギが基本だが……

◎仕掛けとエサ

仕掛けについては、1～2号のオモリとハリス付きのマスバリを用いたシンプルなシステムでOK。オモリは何でもよいが、ヨリモ

サクラマスねらいの人が多い糠平湖では、シーズン初期に釣果がよい傾向にあるようだ

掛かったワカサギを巻き上げていると、突然、強烈な引きが！　アメマスが顔を見せたが、ラインの細いワカサギ仕掛けに掛かると、穴から出すときに切られることも……

トラウト王国・北海道の湖沼には、ワカサギのほかマス類も数多く生息している。マスねらいのサオをだしたくなるのは、釣り人なら当然かもしれない。人気は食べて美味しいサクラマス。マス釣り好きの意見をもとにタックルと釣り方、注意点などを紹介。

ドシの付いた両環タイプがトラブルは少ないだろう。ハリスは長さ30～40㎝で、2号以上が安心。マスバリは掛かりを重視し、やや大きめの12号前後が望ましい。

エサは釣りたての活きのよいワカサギが最高。水中で泳がせてマスを誘う。小型のほうが食いはよく、フッキング率も高い。写真のように背掛けにすると弱りにくく、自然に泳いでアピールするが、時折仕掛けを上げてワカサギの状態をチェックしたい。

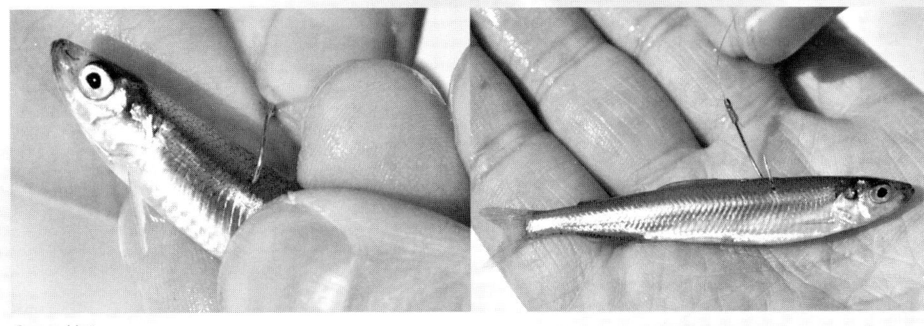

●エサ付け
釣ったワカサギをエサにするなら、ハリは背ビレの付け根の少し頭寄りに刺すとよいだろう

ワカサギのほか、ブドウムシやヤナギムシも効果的。ブドウムシは集魚効果を期待してワカサギ用の仕掛けに付ける人もいるが、マスも呼び寄せることも覚えておきたい。

◎底から1m以上

仕掛けをセットしてエサを付けたら、あとは穴から落とすだけ。肝心なのはタナだが、「底から1mほど巻き上げる」とは佐藤さん。とはいえ、マスがねらえる釣り場は水深が深い場合が多く、1mで反応がなければ2m、3mとレンジを上げるとよいだろう。

マス釣りが人気のフィールドでは、どこからともなく「チリン、チリン」という鈴の音が聞こえてくる。仕掛けを投入したら、鈴が鳴るのを待つだけ。テント内でも外でも、アイスフィッシングを満喫しよう。

ただし、サオの本数には気をつけたい。テントを含めるとけっこうなスペースを取る。ただでさえ、ここ数年はマス釣りが盛り上がり、トラブルが起きているフィールドもある。だすサオは1～2本にとどめるのがマナーだろう。

大型のプラスチックケースを用意している人も。釣ったニジマスはこの後、リリースした

冬季観光アクティビティーとしても

ワカサギの生態と遊漁の今

Wakasagi

リポート＝山道正克
Text by Masakatsu Yamamichi

氷上釣り王国・北海道において、主役は何といってもワカサギだ。ワカサギ釣りは冬場の主要な釣りもののひとつであり、観光面でも北海道らしさを体験できるアクティビティーとして存在感を発揮している。しかし、それも漁協などが増殖事業や環境保全などに取り組み、資源を維持しているおかげである。北海道のワカサギは今、どんな状況にあるのか。研究機関などの協力も得ながらスポットを当ててみた。

水温、塩分、濁りなど 環境適応力にすぐれる

ワカサギの分布、生態については、道立水産孵化場（現在の道総研）の研究者による『漁業生物図鑑 新 北のさかなたち』（北海道新聞社刊、2003年、絶版）の「ワカサギ」の項から引用する。

「日本、沿海地方、サハリン、千島列島などに分布。国内の原産地は、石狩川、網走湖、小川原湖、八郎湖、宍道湖、霞ヶ浦などを中心に、日本海側では島根県以北、太平洋側では千葉県以北、北海道各地の湖や川である。ワカサギが自然分布する湖や川はいずれも、かつてあるいは現在も海と連絡している。

ワカサギは、水温、塩分の適応範囲が広く濁りにも強いため、全国各地の河川、湖沼およびダム湖に移殖され繁殖している。移殖地を含めた分布の南限は、鹿児島県である。もともとワカサギのいなかった阿寒湖、大沼、洞爺湖などでも、網走湖や涛沸湖から卵が移殖され、新

存在感発揮

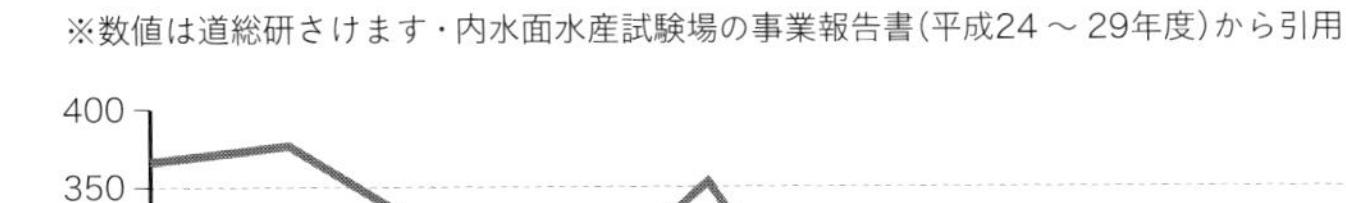

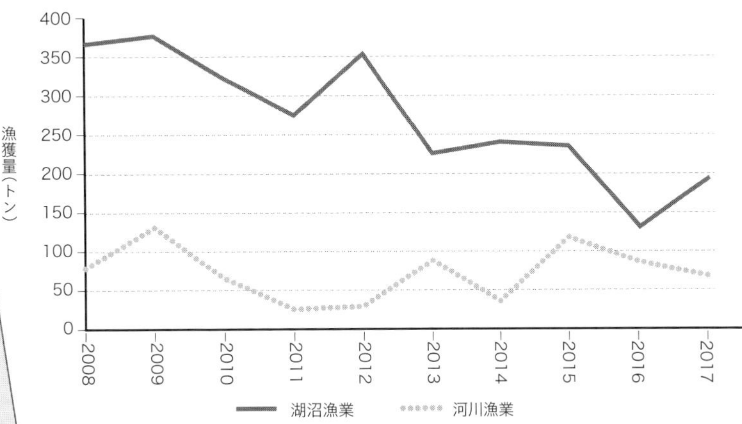

ワカサギ

英名：wakasagi,japanese smelt

漢字：公魚、桜魚

分類：サケ目キュウリウオ亜目キュウリウオ科。近縁のものにイシカリワカサギ、チカがある

形態：体は細長く、脂ビレを持つ。体の背部は淡褐色または黄緑色で、腹側は銀白色。チカやイシカリワカサギとよく似る

分布：日本、沿海地方、サハリン、千島列島などに分布

成長：多くはふ化後満1年で体長10cmほどになり成熟、産卵して死ぬが、湖によっては2年目、3年目まで生きるものもある。地域によっては体調16cm以上になる。

食性：ふ化後、卵黄のうから栄養をとり、その後はワムシ類やカイアシ類の幼生、体長10mm以上になるとカイアシ類やミジンコ類などの甲殻類動物プランクトン、ユスリカなども食べるようになる

食味：淡泊で美味。子持ちのものが特に喜ばれ、天ぷら、から揚げ、フライ、つくだ煮などにされる。江戸時代には将軍に献上したことから「公魚」と書かれた

しい漁業資源となった。アメリカ合衆国のカリフォルニアにも移殖され、周辺の湖沼や川で繁殖し、現地でも「wakasagi」と呼ばれている。

ワカサギは本来、河川でふ化した後に海で成長し、再び産卵のために河川に上る遡河回遊魚である。しかし、海との往来が困難な湖に移殖されたものは、湖の中だけで一生を過ごす。このほか、湖と海の間を行き来する生態も、網走湖や涛沸湖、小川原湖で知られている。さらに、これらの湖でも湖と海とを行き来する降海型と湖内で一生を過ごす湖中残留型の２つの生活様式がある。そのうえ降海型では、生息地によってあるいは同じ湖内でも、降海・遡上時期が異なることもある。このように、ワカサギの生活史は変異に富むとともに、非常に複雑である」。

14ヵ所の湖沼で漁獲 最大生産量は網走湖

北海道では大正末期から昭和初期にかけて、盛んに人口ふ化放流や移植が行なわれるようになり、この頃から漁業が本格化した。現在、北海道の内水面漁業ではシジミに次ぐ主要な魚種として位置付けられている。北海道でのワカサギの漁獲は14の湖沼で行なわれている。このうち網走湖の生産量が最も多く、近年は概ね100～150トンで推移している。このほか漁獲が多いのは阿寒湖、大沼、塘路湖だが、近年はいずれも50トン以下で推移している。

ワカサギの資源量は年変動が多い。図1が示すように統計上は全道の漁獲量が減少しているように見えるが、個々の湖沼で事情は異なっている。資源管理を行なっている網走湖では、ある程度増減はあるものの、長期的に見れば安定した生産量を維持している。このように個々の湖沼で資源管理を行なうことが望ましいが、そこまで到達していないのが現状という。河川漁業についてはさらに資源変動が多く、また資源管理も行なわれていない。資源変動の要因についてもよく分かっていない。

長く混同されてきた 2種類のワカサギ

ワカサギはチカとよく似ている。その形態的な違いについては、図鑑などにも載っている。最も分かりやすいのは、腹ビレの位置の違いだ。ワカサギは腹ビレが背ビレの起点(前端)より、やや前方に位置する。チカはその逆である。また、ワカサギにさらによく似ているのがイシカリワカサギである。じつは、この2種は長い間、混同されてきた。

日本産のワカサギ類にはワカサギ(Hypomesus nipponensis)とイシカリワカサギ(Hypomesus olidus)の２種がいる。ワカサギの自然分布域は前述したとおり、千島、北海道、千葉県以北と島根県以北の本州で、日本各地に移殖されている。一方、イシカリワカサギの自然分布域は千島、北海道、朝鮮、サハリン、沿海州、アラ

[図2]
ワカサギ遊漁の発券枚数、金額、主要発行場所

年	遊漁券数(枚)	金額(千円)	主要発行場所(発券枚数)
2013	62,843	41,207	網走湖(13,999)、しのつ湖(18,694)、朱鞠内湖(6,585)、阿寒湖(3,343)、ポロト湖(3,783)、大沼(1,517)、じゅんさい沼（4,778）、ホロカヤントウ沼（2,123）
2014	60,658	35,131	網走湖(13,493)，しのつ湖(16,386)，朱鞠内湖(6,447)，阿寒湖(4,267)，ポロト湖(3,196)，大沼(2,022)，じゅんさい沼（4,754），ホロカヤントウ沼（1,201）
2015	54,779	38,822	網走湖(11,911)，しのつ湖(14,749)，朱鞠内湖(6,022)，阿寒湖(4,285)，ポロト湖(1,792)，大沼(2,035)，じゅんさい沼（5,124），ホロカヤントウ沼（2,717）
2016	60,463	43,760	網走湖(14,027),しのつ湖(16,019),朱鞠内湖(5,732),阿寒湖(5,801),ポロト湖(3,067),大沼(1,998),じゅんさい沼(4,409),ホロカヤントウ沼(2,312)
2017	60,284	45,637	網走湖(14,004),しのつ湖(13,842),朱鞠内湖(7,373),阿寒湖(8,225),ポロト湖(1,914),大沼(3,432),じゅんさい沼(5.616),ホロカヤントウ沼(520)

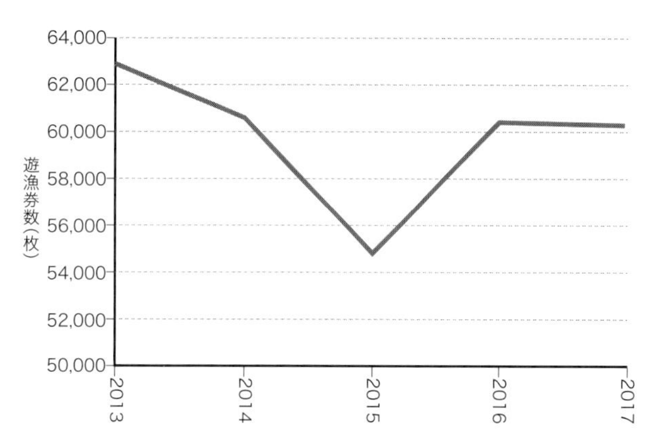

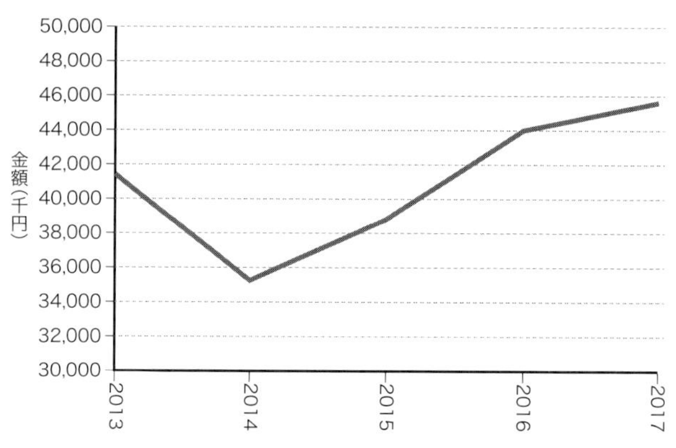

数値は道総研さけます・内水面水産試験場の事業報告書（平成24 ～ 29年度）から引用。売上枚数は近年、概ね6万枚程度。売上金額は同じく4000万円程度である。遊漁券は同一区域でも単価の異なる複数の券が発行されるため。延べ枚数の推移と金額は必ずしも比例しない

スカ、カナダと北半球に広く分布している。日本国内ではワカサギのほうが普通に見られるが、世界的に見ればイシカリワカサギのほうが優勢である。日本産のワカサギとイシカリワカサギは長く同一種だと思われていたが、1957年にイシカリワカサギが新種として発表され、現在とは別の学名が付けられたが、1963年にじつはワカサギのほうが新種だったことが判明し、現在の2種の和名と学名となった。

ワカサギとイシカリワカサギの形態的な違いは、ワカサギの脂ビレは小さく、その基底すなわち付け根の長さが眼径より短いのに対し、イシカリワカサギの脂ビレは大きく、その付け根の長さは眼径より長いというものだが、ぱっと見では区別が付かないだろう。また、ワカサギとイシカリワカサギの交雑種もいて、石狩古川や塘路湖で見つかっている。

漁業権ありで遊漁規則なしなど
釣り場の有り様はさまざま

北海道水産林務部が発行している「フィッシングルールブック2020」には、第5種共同漁業権が設定され、漁業権者である漁協がワカサギについて遊漁規則を設けている湖沼や河川の一覧が掲載されている。

ワカサギの遊漁規則を設けているのは13漁協で、ポロト湖や朱鞠内湖のように1つの湖に設定しているケースもあれば、大沼、小沼、じゅんさい沼などのように複数の湖沼、河川にまたがって設定している場合もある。

このほか、第2種区画漁業権が設定されている湖沼や河川の一覧も載っている。ワカサギについて漁業権を設定しているのは、袋達布沼(しのつ湖)、糠平湖などで、全部で9ヵ所ある。漁業権者は市町村や個人で、独自に遊漁料を設定し、釣り場として開放しているケースも多い。

第5種共同漁業権や第2種区画漁業権でワカサギについて漁業権を設け、遊漁規則を定めていたとしても、そのすべてで実際にワカサギ釣りが行なわれているわけではない。きちんと管理された状態で、遊漁料を徴収しワカサギ釣りが行なわれている管理釣り場は15ヵ所ほどである。ただし釣り場の数については、網走湖のように漁業権者が同一でも、会場が呼人地区と女満別地区で分かれているようなケースは2ヵ所とした。

漁業権があっても、遊漁規則を設けていないケースも

[図3]
2017年のワカサギの漁獲高金額と遊漁券金額

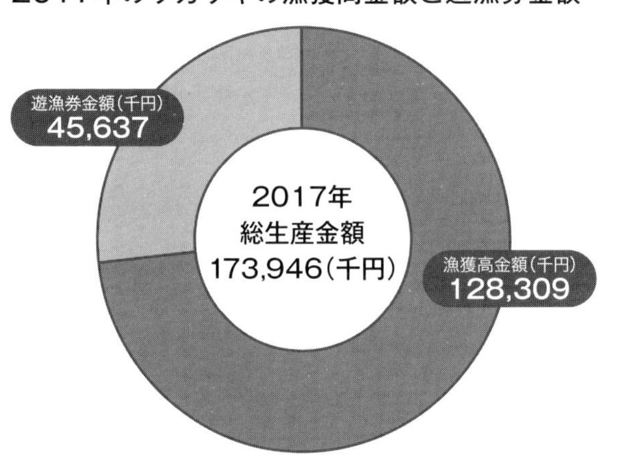

ある。たとえば、石狩市の茨戸川がそうである。茨戸川は観音橋より下流(海側)の区域(真勲別を含む)については、石狩湾漁協を漁業権者として、ワカサギほか計4魚種について第5種共同漁業権が設定されている。ただし、遊漁規則を定めていないため、ワカサギの遊漁は自由(漁業権侵害を求めることはできない)ということになる。ちなみに、茨戸川のうち観音橋より上流(陸側)には漁業権が設定されていないためワカサギの遊漁は自由である。

砂川遊水地はワカサギ釣りについては無料で、管理者もおらず自己責任が原則だ。しかしながら、氷が薄い場合は立ち入り禁止措置が取られ、管理棟のトイレや駐車場も開放されている。錦大沼は自然繁殖によるワカサギ釣り場で、苫小牧市が管理している。こちらも無料である。このように、全く管理されていない釣り場や、ある程度管理されている釣り場を含めると、大小合わせて全道で40ヵ所ほどになると思われる。

利用者数全道一は石狩の茨戸川?

ワカサギ釣り場には期間中にどのくらいの釣り人が訪れるのだろう。道総研さけます・内水面水産試験場が遊漁券を発行する主な釣り場8ヵ所についてまとめた資料(2013〜2017年)=図2によると、1万枚以上発券しているのは網走湖としのつ湖で、毎年1、2位を争っている。

網走湖については、漁業による漁獲もあるが、しのつ湖では漁業は行なわれておらず、遊漁に特化している。新篠津村によると、毎年網走湖のワカサギの卵を1000万粒購入し、ふ化(発眼卵)させて放流している。札幌などの大都市に近いことや、温泉施設などと絡めて集客にも努めていることが、人気を集めている理由のようだ。網走湖は、流氷観光などで訪れた外国からの観光客の利用も多いようだ。

ワカサギ漁業による生産金額と上記8ヵ所の遊漁料金額の比率を図3で示した。全体の4分の1ほどを遊漁料が占めており、収入面でも貢献していることが分かる。

錦大沼は入場者数、ワカサギ数を集計し、市のホームページで公表している。平成30年度(平成31年1月25日〜3月5日の40日間)は、釣り人数が2875人でワカサギ数は7万6800尾である。

このほかの非管理釣り場も含めたすべての釣り場のなかで、最も釣り人が多いのはどこかについては、推測するしかない。私は、真勲別川を含めた茨戸川ではないかと思っている。私はシーズン中、ほぼ毎週のように茨戸川と真勲別川を訪れ、主な釣り場についてテントの数を数えている。

人気がある通称「サーモンファクトリー裏」には、休日ともなると100張り以上のテントが並ぶ(2020年シーズンは工事のため、施設側の好意による駐車場やトイレの利用ができなかった)。通称「焼き肉店前(茨戸ガーデン前)」、「L字(オービス前)」などや、真勲別川も合わせると200〜300張りになるのではなかろうか。テント1つに平均2人とし、テント数を1日平均100張りとするとシーズン中の約3ヵ月間では、2×100×90=1万8000人である。もちろんテントなしの利用者もいるので、おそらく2万人前後が利用していると思われる。

ワカサギ釣りは、特に非管理釣り場では、氷が割れての転落事故やテント内での火気使用による一酸化炭素中毒により、ときには死に直結する事故が起きている。また、ゴミの放置による環境汚染の問題もある。安全対策、ルールとマナーの順守はほかの釣り同様、釣り人の義務であり、末長く釣りを楽しむ上でも必須である。

取材協力・資料提供:「北海道　水産林務部　漁業管理課」、「新篠津村」、「地方独立行政法人　北海道立総合研究機構　さけます・内水面水産試験場　内水面資源部」

参考・引用資料:「漁業生物図鑑 新 北のさかなたち」(北海道新聞社刊)、「道総研さけます・内水面水産試験場事業報告書(平成24〜平成29年度)」、「ワカサギとイシカリワカサギの交雑種の遺伝的特徴と形態的特徴(北海道水産孵化場研報第45号、1991)」

Advertising Index（50音順）

Epilogue

安全に、楽しい釣りを！

●氷上釣りで注意していただきたいのは一酸化炭素中毒。テント内で暖房器具を使用する場合は、通気口や窓、扉を開けて充分すぎるほどの換気を行ないたい。釣り穴の後始末もしっかりと。最近は魚探を導入するアングラーが増え、釣りをする前にいくつも穴を開けて好ポイントを捜すが、そのままにしておくのは危険。開けた穴はしっかり塞いで目印として雪を盛るのがマナー。釣り場によっては棒などが置いてあるので、穴の上に挿しておきたい。ルールとマナーを守り、アイスフィッシングを満喫しよう！（編集部）

2021年2月1日　初版発行

編　者　つり人社北海道支社
発行者　山根和明
印刷所　大日本印刷株式会社
発行所　株式会社つり人社

［本社］
〒101-8408
東京都千代田区神田神保町1-30-13
TEL.03-3294-0781
FAX.03-3294-0783

［北海道支社］
〒003-0022
北海道札幌市白石区南郷通13丁目南5-16南郷サンハイツ401
TEL.011-866-7331
FAX.011-866-7335

乱丁・落丁などがありましたら、お取り替えいたします。

ISBN978-4-86447-360-6　C2075

つり人社ホームページ
https://tsuribito.co.jp/

※本書は新規に制作した記事に加え、『North Angler's』に掲載した記事を再編集したものを含みます。掲載したデータは2020年12月下旬時点のものです。各情報は変更される場合があります。また、新型コロナウイルス等の影響で釣りが制限される可能性もあります。釣行の際は漁協や市町村等にご確認ください。